Direito da Criança e do Adolescente
para concurso de Juiz do Trabalho

EDITORA AFILIADA

O livro é a porta que se abre para a realização do homem.

Jair Lot Vieira

Direito da Criança e do Adolescente
para concurso de Juiz do Trabalho

André Viana Custódio
Josiane Rose Petry Veronese

2ª edição

edipro concursos

Direito da Criança e do Adolescente
Para Concurso de Juiz do Trabalho
André Viana Custódio
Josiane Rose Petry Veronese

2ª edição 2012
Atualizada com a Lei nº 12.954/2012

© desta edição: Edipro Edições Profissionais Ltda. – CNPJ nº 47.640.982/0001-40

Editores: Jair Lot Vieira e Maíra Lot Vieira Micales
Produção editorial: Murilo Oliveira de Castro Coelho
Assessor editorial: Flávio Ramalho
Revisão: Carolina Bravalhieri da Silva
Arte: Karina Tenório, Simone Melz e Danielle Mariotin

Dados de Catalogação na Fonte (CIP) Internacional
(Câmara Brasileira do Livro, SP, Brasil)

Custódio, André Viana
 Direito da Criança e do Adolescente / André Viana Custódio e Josiane Rose Petry Veronese ; [editores, Jair Lot Vieira e Maíra Lot Vieira Micales]. – São Paulo : EDIPRO, 2012. – (coleção concurso de juiz do trabalho)

 Bibliografia
 ISBN 978-85-7283-820-7

 1. Criança e adolescente – Direitos. 2. Criança e adolescente – Direitos – Brasil. 3. Criança e adolescente – Leis e legislação – Brasil. I. Veronese, Josiane Rose Petry. II. Vieira Jair Lot. III. Micales, Maíra Lot Veiria. IV. Título. V. Série.

11-03964   CDU 347.157.1 (81) (094)

Índices para catálogo sistemático:
1. Direito da Criança e do Adolescente : Brasil : 347.157.1 (81) (094)

edipro
concursos

edições profissionais ltda.
São Paulo: Fone (11) 3107-4788 – Fax (11) 3107-0061
Bauru: Fone (14) 3234-4121 – Fax (14) 3214-4722
www.edipro.com.br

Sumário

Introdução 9

Parte 1
Fundamentos do direito da criança e do adolescente e a doutrina da proteção integral

Capítulo 1 Aspectos históricos sobre a negação dos direitos da infância no Brasil 12

Capítulo 2 A doutrina do direito do menor 18

Capítulo 3 A Política Nacional do Bem-Estar do Menor 21

Capítulo 4 A doutrina do menor em situação irregular 24

Capítulo 5 A transição das velhas doutrinas para a doutrina da proteção integral 28

Capítulo 6 Os princípios e regras do direito da criança e do adolescente 33

Capítulo 7 A prevenção especial 44

Capítulo 8 Os Conselhos de Direitos da Criança e do Adolescente e a política de atendimento 51

CAPÍTULO 9	O Fundo da Infância e da Adolescência 62
CAPÍTULO 10	O Conselho Tutelar e a política de proteção 64
CAPÍTULO 11	A integração operacional do sistema 78
CAPÍTULO 12	O acesso à justiça 81

PARTE 2
TRABALHO INFANTIL

CAPÍTULO 1	Conceito de trabalho infantil e normas legais aplicáveis 90

CAPÍTULO 2	Limites de idade mínima para o trabalho 95

1. Os limites constitucionais de idade mínima para o trabalho 96
2. Os limites estatutários de idade mínima para o trabalho 97
3. Os limites trabalhistas de idade mínima para o trabalho 100
4. Os limites internacionais de idade mínima para o trabalho 106

CAPÍTULO 3	Situações especiais: trabalho infantil doméstico 112
CAPÍTULO 4	Situações especiais: trabalho infantil no esporte ... 114
CAPÍTULO 5	Situações especiais: trabalho infantil em atividades artísticas 117
CAPÍTULO 6	Normas de proteção ao trabalhador adolescente: limites à contratação e à proteção ao trabalho do adolescente com deficiência 120
CAPÍTULO 7	Responsabilidades decorrentes do descumprimento das normas de proteção ao trabalho da criança e do adolescente e os efeitos da contratação 122

| CAPÍTULO 8 | Estágio: direitos do estagiário, requisitos para adoção válida do regime de estágio, extinção do contrato 124

| CAPÍTULO 9 | Aprendizagem: direitos do adolescente aprendiz, extinção do contrato, requisitos de validade do regime de aprendizagem 126

| CAPÍTULO 10 | Trabalho educativo 133

PARTE 3
QUESTÕES DE CONCURSOS E EXERCÍCIOS

Questões de concursos 144
Exercícios de fixação 168

REFERÊNCIAS 173

Introdução

Esta obra reflete um compromisso com a proteção integral da criança e do adolescente, em consonância com os direitos fundamentais amparados pela Constituição da República Federativa do Brasil e pela Convenção Internacional dos Direitos da Criança, bem como com toda uma normativa interna com vistas à efetividade dessa proteção.

Em primeiro lugar, apresentamos a fundamentação doutrinária e jurídica acerca do direito da criança e do adolescente e, na sequência, focalizamos a compreensão do trabalho infantil como um fenômeno interdependente de complexas relações culturais e sociais, nas quais o direito se apresenta como um dos elementos constitutivos dessa realidade.

Nesta análise, evidenciamos que as relações políticas, econômicas, culturais e jurídicas são subjacentes à realidade histórica em que está configurada, constituída, a exploração do trabalho infantil.

A origem etimológica da palavra "trabalho" está associada à versão latina *tripalium*, um instrumento usado para tortura dos escravos. O conceito de trabalho envolve complexas e diferenciadas acepções. Já a origem etimológica da palavra "infância" está associada à ideia daquele "que não pode falar". No entanto, Rousseau, desde o século XVIII, definia esse período em limites mais abrangentes, relacionando-o a um tempo de preparação para a vida adulta.

Nos dias atuais, a ideia de infância está associada à condição peculiar de pessoa em desenvolvimento, da qual são portadores crianças e adolescentes. Embora o conceito internacional de infância esteja perfeitamente correlacionado ao sujeito criança, no Brasil, a partir da edição do Estatuto da Criança e do Adolescente, são reconhecidos dois períodos de desenvolvimento distintos, definindo "crianças" como as pessoas de até doze anos, e os "adolescentes" como pessoas com idade compreendida entre doze e dezoito anos.

Ressaltamos que as pesquisas que elaboramos sobre o trabalho infantil no Brasil, não constituem meras elucubrações acadêmicas, antes, essas construções doutrinárias têm servido para a transformação concreta da vida de muitas crianças e adolescentes brasileiros. São estudos, portanto, que não ficam restritos a uma mera discussão apartada, alienada da realidade concreta.

Sabemos que a erradicação do trabalho infantil não se dará somente com o afastamento da criança e do adolescente do trabalho, pois essa ação precisa estar articulada com um conjunto de medidas jurídicas e políticas de proteção e atendimento às crianças, aos adolescentes, bem como às suas famílias.

A investigação jurídica sobre o tema encontra sua justificativa na necessidade de compreensão e sistematização das alternativas e caminhos para a erradicação do trabalho infantil no Brasil, resgatando os princípios e regras do direito da criança e do adolescente e analisando o sistema de garantias de direitos como instrumento efetivo e indispensável para a transformação social.

O direito da criança e do adolescente, com vistas a sua contínua e necessária atualização, tem sido objeto de profundas alterações legislativas, como a ocorrida em razão da Lei nº 12.010, de 3 de agosto de 2009, conhecida como Lei Nacional da Adoção.

Recentemente, foi sancionada a Lei nº 12.594, de 18 de janeiro de 2012, que instituiu o Sistema Nacional de Atendimento Socioeducativo (Sinase). Esta lei regulamenta a execução das medidas socioeducativas destinadas a adolescente que pratique ato infracional; altera as Leis nºˢ 8.069, de 13 de julho de 1990 (Estatuto da Criança e do Adolescente); 7.560, de 19 de dezembro de 1986; 7.998, de 11 de janeiro de 1990; 5.537, de 21 de novembro de 1968; 8.315, de 23 de dezembro de 1991; 8.706, de 14 de setembro de 1993; os Decretos-Leis nºˢ 4.048, de 22 de janeiro de 1942; 8.621, de 10 de janeiro de 1946 e a Consolidação das Leis do Trabalho (CLT), aprovada pelo Decreto-Lei nº 5.452, de 1º de maio de 1943.

André Viana Custódio
Josiane Rose Petry Veronese

Parte 1
Fundamentos do direito da criança e do adolescente e a doutrina da proteção integral

CAPÍTULO 1

Aspectos históricos sobre a negação dos direitos da infância no Brasil

A história brasileira foi marcada pela negação de um lugar específico para a infância, decorrente da ausência do reconhecimento da condição peculiar de desenvolvimento que pudesse diferenciar a infância da fase adulta. Nota-se, desde a invasão portuguesa, pouca valorização da distinção das condições geracionais, reproduzindo um discurso unificador e homogêneo de intervenção sobre a infância sem correspondência com a diversidade cultural brasileira.

Num espaço territorial caracterizado pela diversidade ética, racial, econômica, política, educacional, chama a atenção, nos variados períodos históricos, a tentativa do estabelecimento de controle sobre a população infantil como resultado de um discurso salvacionista e que, por muito tempo, reduziu a infância em mera perspectiva de futuro, desconsiderando-se suas condições e necessidades presentes.

As tentativas de intervenção sobre a infância brasileira têm marcas profundas deixadas pelas experiências políticas que pretendiam dar respostas aos anseios e desejos de uma sociedade que pretendia construir um novo mundo. Algumas dessas experiências são reproduções de modelos adotados na Europa, tais como a educação promovida pelos padres da Companhia de Jesus no século XVI e a Roda dos Expostos, instalada nas Santas Casas de Misericórdia no século XVIII.

As transformações políticas, por ocasião da instalação da República, aliadas à inserção do ideário positivista e do pensamento higienista no Brasil do século XIX deram início a outras práticas políticas, tais como a construção de um modelo de institucionalização pela via da criminalização, inaugurando o modelo menorista de intervenção sobre a infância brasileira.

O século XX recebeu a marca do controle jurídico-disciplinar sobre a infância, representado especialmente pela aprovação do Código de Menores de 1927, que inseriu o direito do menor no ordenamento jurídico brasileiro, e sua versão, com nova roupagem, em 1979, fundada na ideia de situação irregular.

Embora a "descoberta da infância" seja uma conquista da modernidade europeia do século XVIII, o Brasil continuou convivendo com ideias segregacionistas ainda por longa data, representadas por concepções autoritárias, tais como os conceitos jurídicos da incapacidade e do discernimento.[1]

"No momento em que a infância é descoberta, ela começa a ser percebida por aquilo que não pode, por aquilo que não tem, por aquilo que não sabe, por aquilo que não é capaz. Aparece uma definição negativa de criança".[2] Tal definição produzirá uma política perversa, com a consequente negação dos direitos mascarada pelos princípios menoristas, gerando um modelo que perdurou por quase cinco séculos no Brasil e, fundamentalmente, ainda resiste no imaginário cultural e nas práticas institucionais na atualidade.

Até a instalação da República em 1889, o Brasil manteve exclusivamente um modelo caritativo-assistencial de atenção à infância, representado por ações em torno do abandono, da exposição e do enjeitamento de crianças que, em regra, tinham como destino o acolhimento por famílias substitutas, e a institucionalização nas Rodas dos Expostos. Criadas conforme o modelo de acolhimento europeu, foram reproduzidas e disseminadas em larga escala por aqui. Provavelmente, foi um dos modelos assistenciais que mais perdurou na história brasileira, uma

---

1   Sobre a descoberta da infância: ARIÈS, Philippe. *História Social da Criança e da Família*. Trad. Dora Flaksman. 2. ed. Rio de Janeiro: LTC, 1981. Sobre a teoria das incapacidades: VERONESE, Josiane Rose Petry. Menoridade Civil: algumas reflexões sobre a teoria das incapacidades. *Revista da Faculdade de Direito da UFSC,* Porto Alegre, v. 2, p. 123-142, 1999.

2   GARCIA, Emílio. Breve histórico dos direitos da criança e do adolescente. In: CBIA. *Da situação irregular às garantias processuais da criança e do adolescente.* São Paulo: CBIA, 1994.

vez que a primeira Roda dos Expostos foi criada no século XVIII, e a última, encerrada na segunda metade do século XX.[3]

No campo da educação, as práticas pedagógicas instituídas pelos jesuítas no século XVI uniram a educação à imposição de castigos corporais, e também resistiram ao longo dos séculos.[4] Embora no século XIX as escolas de primeiras letras tenham se ramificado pelas comunidades brasileiras, a real condição da infância era a da absoluta exclusão educacional, com exceção das crianças de uma pequena elite, que, desde essa época, recebiam cuidados diferenciados em um modelo educacional de atendimento individualizado extremamente diversificado.

Vindos de uma Europa que recém-descobria a infância por conta do Renascimento, os jesuítas chegam nestas terras imbuídos de uma missão civilizatória na construção de um paraíso terreno, cristão, bem ao gosto da cultura europeia em vigor na época, na qual era preciso civilizar, construir uma ordem terrena, satisfazer um desejo divino.

A Companhia de Jesus foi criada em torno de 1534, com a firme convicção de que era necessário cristianizar os infiéis, os estranhos, os diferentes, os raros e singulares. A missão não se reduzia ao ato de conversão, era mais ampla, pois o necessário era a civilização.[5] Para que uma tarefa tão abrangente fosse possível, logo na chegada ao Brasil, no século XVI, os padres jesuítas trouxeram consigo práticas pedagógicas inovadoras para a época, mas desconhecidas por aqui. Essas experiências junto a uma população praticamente não alfabetizada, sem uma tradição de escolarização formal, mesmo no apren-

---

3 Sobre o tema ver: MARCILIO, Maria Luiza. A roda dos expostos e a criança abandonada na História do Brasil 1726-1950. In: FREITAS, Marcos Cezar de (Org.). *História Social da Infância no Brasil*. 2. ed. São Paulo: Cortez, 1999.

4 Sobre o tema ver: CHAMBOULEYRON, Rafael. Jesuítas e as crianças no Brasil quinhentista. In: PRIORE, Mary Del (Org). *História das Crianças no Brasil*. São Paulo: Contexto, 1999.
SCHUELER, Alessandra Frota Martinez de. Os Jesuítas e a Educação das Crianças – Séculos XVI ao XVIII. In: RIZZINI, Irma (Org.). *Crianças desvalidas, indígenas e negras no Brasil*. Rio de Janeiro: USU, 2000.

5 PRIORE, Mary Del. O papel branco, a infância e os jesuítas na Colônia. In: PRIORE, Mary Del (Org). *História da Criança no Brasil*. 4. ed. São Paulo: Contexto, 1996. p. 11.

dizado dos conhecimentos básicos como as primeiras letras, fizeram sucesso pelas suas diferenças.

A inserção dos cânticos, das orações, das artes, das reverências aos santos e, especialmente, a aproximação amorosa dos jesuítas das crianças atraíam parcela significativa da população infantil no século XVI, tornando possível a instituição de uma prática educacional baseada no binômio amor-repressão, no qual a imposição de castigos corporais era apenas uma das faces de um complexo pegadógico profundo que, ainda nos dias atuais, influencia educadores e familiares na decisão sobre a melhor forma de educar as crianças.

A descoberta da infância[6] teria contribuição significativa com a disseminação de imagens infantis pela Igreja Católica, como as imagens do menino Jesus e dos anjinhos com características humanas, que personificavam um ideário divinizado idealizando uma infância singela, doce e capaz de seduzir pela beleza, pelo amor, pelos bons e corretos costumes.

No entanto, esse amor tinha em sua essência a característica correcional, da disciplina, do controle, para uma submissão coercitiva à meditação e à correção do espírito para uma formação moral ascética, rígida, capaz de superar os vícios adultos e educar para uma nova cristandade, um novo projeto de civilização.

A experiência da educação jesuítica inaugurou práticas pedagógicas que se repetiriam diversas vezes ao longo da história no país e, sob esse aspecto, poderia ser compreendida como uma história de intervenção sobre a infância no Brasil. Sem dúvida, as pioneiras práticas educacionais jesuíticas produziram a cultura do reconhecimento da educação como elemento indispensável na formação de crianças, mas também a de que essa educação deveria ter como primado o controle e o disciplinamento, resultando em práticas pedagógicas repressivas nas quais a (re)produção da violência institucionalizada é apenas uma das faces mais perversas e, lamentavelmente, ainda mantida nas escolas atuais.

A escravidão também deixou sua marca na história da infância brasileira, pois mesmo no século XIX, com os avanços no campo das ciências e a lenta incorporação dos ideais liberais europeus, a maior

---

6 ARIÈS, *op. cit.*, p. 142.

parte das crianças afrodescendentes foi subjugada à condição de absoluta exploração.⁷

Até o final do período imperial brasileiro, praticamente inexistiu qualquer interesse, garantia de direito e proteção jurídica à infância. Apesar dessa condição, é possível encontrar nas Decisões do Império mulheres reivindicando a liberdade de seus filhos e a devolução de meninos e meninas subtraídos pelas Rodas dos Expostos.

Um interesse jurídico especial pela infância surge com a proclamação da República em 1889, quando, em decorrência da abolição da escravidão, meninos e meninas empobrecidos circulam pelos centros urbanos das pequenas cidades procurando alternativas de sobrevivência e "perturbam" a tranquilidade das elites locais. É principalmente a partir dessas circunstâncias que o sistema de controle penal é colocado em ação, visando estabelecer um controle jurídico específico sobre a infância.

Embora o Código Criminal do Império de 1830 já tratasse da menoridade como uma categoria jurídica, foi a partir da aprovação do Código Penal da República que a repressão assumiu um caráter político claro em torno do que se desejava enquanto imagem da infância brasileira, ou seja, aquela consagrada como o futuro do país baseado nas concepções básicas do positivismo.

As ideias positivistas, aliadas ao movimento higienista e a todo um novo aparato jurídico, foram responsáveis pela produção do "menor" enquanto objeto normativo, segundo o qual o Estado, "visando garantir o futuro do país", deveria tomar medidas especializadas.⁸

É nesse contexto que a criminalização, mesmo por meio de contravenções como a vadiagem e a capoeira, tornou-se instrumento poderoso de controle social das classes populares. Medidas como a criação do Instituto Disciplinar, em 1902, para "menores delinquen-

---

7   Sobre o tema ver: Góes, José Roberto de; Florentino, Manolo. Crianças escravas, crianças dos escravos. In: Priore, Mary Del (org.). *História das Crianças no Brasil*. São Paulo: Contexto, 1999.

8   Vieira, Cleverton Elias. *A questão dos limites na educação infanto-juvenil sob a perspectiva da doutrina da proteção integral:* rompendo um mito. 2005. Dissertação (Mestrado em Direito) – Curso de Pós-Graduação em Direito, Universidade Federal de Santa Catarina, Florianópolis, 2005. p. 15.

tes", e a ampliação da aprendizagem pelas instituições militares serão condutas de caráter simbólico na nova estrutura institucional que se estabelecia na transição dos séculos XIX-XX.

Nos primeiros anos do século XX, são criadas diversas iniciativas públicas e privadas de atenção à criança, seja pela influência europeia decorrente da descoberta da infância, ou ainda pela própria necessidade de o Estado oferecer respostas a uma constante pressão social de uma enorme massa de excluídos considerados como obstáculos reais ao ideário positivista da ordem e do progresso. Nesse contexto, várias iniciativas isoladas procuravam oferecer medidas de caráter filantrópico e assistencial às crianças, já nessa época submetidas ao estigma da "menoridade".

A produção jurídica no período da Primeira República também foi muito intensa, com uma vasta produção geralmente de caráter meramente simbólico, mas que tratava de temas como a assistência à infância desvalida, o controle do espaço público, a institucionalização de crianças, a regulamentação do trabalho, da aprendizagem e da educação em patronatos agrícolas, o abandono e a delinquência.

É preciso considerar também que o modelo federativo republicano também deixava aos estados as responsabilidades de políticas nesse campo, que eram tratadas de acordo com as conveniências locais, mas que indistintamente tiveram como elemento basilar o controle judicial da menoridade.

CAPÍTULO 2

A doutrina do direito do menor

A doutrina do direito do menor teria sua primeira versão organizada com a proposta do primeiro Código de Menores no Brasil, iniciado com a edição do Decreto nº 5.083, de 1 de dezembro de 1926, e manifestando o interesse governamental na elaboração de uma legislação que consolidasse toda a produção normativa referente à matéria.

Para desempenhar essa função, o então presidente Washington Luís atribuiu ao juiz de menores do Rio de Janeiro, José Candido Albuquerque de Mello Mattos, a responsabilidade de sistematizar uma proposta. Como resultado, em 12 de outubro de 1927 foi aprovado o primeiro Código de Menores da América Latina.[9]

Esse Código consolidou toda a legislação produzida desde a proclamação da República.

> O Código de Menores veio alterar e substituir concepções obsoletas como as de discernimento, culpabilidade, penalidade, responsabilidade, pátrio poder, passando a assumir a assistência ao menor de idade, sob a perspectiva educacional. Abandonou-se a postura anterior de reprimir e punir e passou-se a priorizar, como questão básica, o regenerar e educar. Desse modo, chegou-se à conclusão de que questões relativas à infância e à adolescência devem ser abordadas fora da perspectiva criminal, ou seja, fora do Código Penal.[10]

---

9 BRASIL. Decreto nº 17.943-A, de 12 de outubro de 1927. *Coleção de Leis do Brasil*, Poder Executivo, Rio de Janeiro, v. 2, p. 476, c. 1, 31 dez. 1927.
10 VERONESE, Josiane Rose Petry. *Os Direitos da Criança e do Adolescente*. São Paulo: Ltr, 1999. p. 27-28.

O Código de Menores brasileiro seria representativo das visões em vigor na Europa nesse período, segundo as quais era necessário o estabelecimento de práticas psicopedagógicas geralmente carregadas de um forte conteúdo moralizador, produzindo e reproduzindo uma visão discriminatória e elitista que desconsiderou as condições econômicas como fatores importantes na condição de exclusão. Para supostamente resolver os incômodos da delinquência, do abandono e da ociosidade, apresentava propostas focalizadas nas consequências dos problemas sociais omitindo-se em relação à absoluta condição de exploração econômica.

Os institutos e estabelecimentos criados para o internamento dos considerados como menores eram motivos de constantes críticas por parte das autoridades, mas o modelo resistiu até o ano de 1941, quando foi criado o Serviço de Assistência a Menores (SAM), com a finalidade de prestar a proteção social aos menores institucionalizados.

A criação do Serviço de Assistência aos Menores demarca uma mudança importante com a inclusão de uma política de assistência social nos estabelecimentos oficiais, que até então estavam sob a jurisdição dos juizados de menores. A principal característica da política proposta pelo Código de Menores, de 1927, era a institucionalização como via necessária para a solução dos problemas considerados como essenciais à organização social.

De todo modo, ao longo desse período, foi frequente o reconhecimento da incapacidade do Estado em prover uma política assistencial mesmo mínima, mas que não deixava de exercer o papel de repressão, controle e vigilância aos grupos estigmatizados pelo ideário elitista. Além disso, estimulou a inserção de crianças no trabalho pelos artifícios da aprendizagem e da profissionalização, pois se interessava mais pelos interesses econômicos do que qualquer outra necessidade social.

Até 1964, o modelo jurídico do direito do menor, que na verdade foi reduzido ao direito de ação estatal contra o menor, subsistiu às diversas transformações do Estado brasileiro praticamente inalterado, convivendo com pequenas experiências democráticas, como nas Constituições de 1934 e de 1946, e também com modelos autoritários, como o do Estado Novo, em 1937. No entanto, não se pode desconsiderar que por detrás das concepções menoristas estão as ideias fundamentais do pensamento autoritário. Contudo, a transposição desse modelo centrado no controle jurisdicional sobre a menoridade para o controle repressivo assistencial aconteceria a partir do golpe militar em 1964, com o estabelecimento da Política Nacional do Bem-Estar do Menor e a correspondente criação da Fundação Nacional do Bem-Estar do Menor.

CAPÍTULO 3

A Política Nacional do Bem-Estar do Menor

Com a finalidade de executar uma política nacional do bem--estar do menor, a Lei nº 4.513, em 1º de dezembro de 1964, criou a Fundação Nacional do Bem-Estar do Menor (FUNABEM), com a atribuição de orientar, coordenar e fiscalizar as entidades executoras da política nacional.

A Política Nacional do Bem-Estar do Menor foi constituída com base nos princípios da doutrina da segurança nacional, oriunda da ideologia da Escola Superior de Guerra. Declarava como objetivo o atendimento das necessidades "básicas do menor atingido por processo de marginalização social". As ideias de irregularidade e segmentação já se faziam presente em tal doutrina, na medida em que as políticas públicas eram orientadas apenas para parcela estigmatizada com a marca da marginalização social. Além disso, o compromisso do Estado era mínimo, pois se reduzia ao oferecimento das necessidades básicas e sem qualquer comprometimento com as necessidades mais amplas de desenvolvimento integral.

Como expressão típica de atenção do Estado autoritário, reconhecia as necessidades sociais pela via do avesso, pois, além de manter o caráter discriminatório, produzia a atuação estatal pela via de uma estigmatização na qual a marginalização era o pressuposto para o oferecimento de medidas públicas, condições características do ideário repressivo da época.

A prioridade amparada pelas diretrizes da fundação limitava-se à integração do "menor" na comunidade, prestada mediante a assistência à família, e a medidas muito próximas da tradição excludente das políticas brasileiras, tais como o incentivo à adoção, colocação familiar em lares substitutos e a institucionalização de "programas tendentes a corrigir as causas de desintegração." Ora, a romântica visão em que os problemas sociais seriam resolvidos por meio das práticas assistencialistas e da propagação da autoritária visão de família estruturada.

Se, por um lado, a ideia de família estruturada povoava o imaginário do bem-estar do menor nesse período, na outra face da política estava a institucionalização como reprodutora do ideal de família, como se pode notar no texto do art. 8º, III, do Estatuto da Funabem, que apontava como diretriz:

> [...] incrementar a criação de instituições para menores que possuam características aproximadas das que informam a vida familiar e a adaptação, a esse objetivo, das entidades existentes, de modo que somente se venha a admitir internamento de menor à falta de instituições desse tipo ou por determinação judicial.

Embora a prática proposta fosse a do controle centralizado do Estado, o regime tinha claro que a política deveria ter certa articulação com as instituições locais, por isso, considerava importante atender as necessidades de cada região de acordo com suas peculiaridades, incentivando as iniciativas locais, públicas e privadas, visando à dinamização à "autopromoção" das comunidades.

O discurso da autopromoção das comunidades foi resposta à constante pressão pela implantação de um modelo de atendimento assistencial. Como o Estado já havia demonstrado, pelo menos desde a década de quarenta, seu absoluto desinteresse em prover o devido atendimento, mas, ao mesmo tempo, interessava-se em manter o controle absoluto, a solução foi conciliar o discurso da institucionalização com a autopromoção comunitária, que, em regra, significou o controle regulador sobre as entidades sociais e a atuação estatal no campo da repressão, com o respaldo das autoridades judiciárias.

É nesse contexto que a Fundação Nacional do Bem-Estar do Menor caracterizava-se como típica instituição de controle centralizado, sendo vedada a criação ou manutenção de órgãos executivos voltados ao atendimento, reduzindo-se ao treinamento e experimentação de técnicas e métodos de atendimento.

As ações tinham como fundamento elementar o conceito básico de "menor" e a perfeita correlação com a ideia de problema, daí ao longo de todo esse período o foco de atenção institucional submeter-se à expressão "o problema do menor". Pura subjetivação, amparada por uma normatividade, que retirava as responsabilidades da família, da sociedade e do Estado como focos centrais dos problemas propostos. Assim, "o problema do menor" não era o problema de um país autoritário e capitalista que produzia e reproduzia a exclusão social. Nada mais fácil do que transferir a responsabilidade à própria vítima.

No final da década de 1970, a Fundação Nacional do Bem-Estar e sua respectiva política já eram alvo de críticas contundentes sobre o modelo adotado, inclusive por parte de vários organismos internacionais. Como resposta a essa condição, o governo brasileiro cria, em 11 de dezembro de 1978, a Comissão Nacional do Ano Internacional da Criança. O resultado dos trabalhos da referida comissão seria a base para a declaração formal da doutrina do menor em situação irregular no Brasil.

CAPÍTULO 4

A doutrina do menor em situação irregular

A doutrina de proteção ao menor em situação irregular foi instituída pela Lei nº 6.697, de 10 de outubro de 1979, também denominada Código de Menores. A proposta foi elaborada pela Associação Brasileira de Juízes de Menores e aprovada por ocasião das comemorações relativas ao Ano Internacional da Criança da Organização das Nações Unidas (ONU). A proposta teve origem nas doutrinas da Organização dos Estados Americanos (OEA) e do Instituto Interamericano del Niño, com a participação efetiva dos juristas Allyrio Cavallieri e Ubaldino Calvento.

A visão da situação irregular proposta no Código de Menores de 1979, desde sua concepção, foi objeto de profundas críticas no Brasil. NOGUEIRA[11] lembra:

> Quando foi discutido o Código de Menores, o Senador José Londoso, em parecer sobre o Projeto, de autoria do Senador Nelson Carneiro, salientava que: "dentro desse contexto, o menor deve ser considerado como vítima de uma sociedade de consumo, desumana e muitas vezes cruel, e como tal deve ser tratado e não punido, preparado profissionalmente e não marcado pelo rótulo fácil de infrator, pois foi a própria sociedade que infringiu as regras mínimas que deveriam ser oferecidas ao ser humano quando nasce, não podendo, depois, agir com verdadeiro rigor penal contra um menor, na maioria das vezes subproduto

---

11 NOGUEIRA, Paulo Lúcio. *Estatuto da Criança e do Adolescente Comentado.* 4. ed. São Paulo: Saraiva, 1998. p. 4.

de uma situação social anômala. Se o menor é vítima, deverá sempre receber medidas inspiradas na pedagogia corretiva [...]".

Evidentemente que há uma percepção breve em torno das contradições da própria proposta. No entanto, ainda se pode observar a permanência dos mitos em torno da profissionalização redentora, das perspectivas limitantes de compreensão do menor como infrator ou subproduto, bem como a insistência em relacionar à ideia de que a exclusão social consistia em uma situação social anômala, quando já se consolidava como regra geral no modelo capitalista brasileiro a total exclusão.

Assim, o Código de Menores foi aprovado com a proposta de estabelecer o disciplinamento jurídico sobre "assistência, proteção e vigilância a menores", considerando-os como aqueles até 18 anos de idade caracterizados como em situação irregular e, excepcionalmente, até os 21 anos nos casos previstos na própria lei. É de se anotar que ainda na fase de estudos para a elaboração de um novo Código de Menores, o Juiz e Professor Allyrio Cavallieri propôs "a eliminação das denominações **abandonado, delinquente, transviado, infrator, exposto** etc. para a rotulação de menores", e ainda sugeriu "a adoção da expressão **situação irregular** para todos os casos em que for competente o Juiz de Menores ou aplicável o Direito do Menor.[12]

De qualquer forma, a condição de situação irregular foi expressamente classificada a partir dos mesmos estigmas. Nesse sentido, o art. 2º da lei estabelecia expressamente os critérios para a determinação da situação irregular:

> Art. 2º Para os efeitos deste Código, considera-se em situação irregular o menor:
> I – privado de condições essenciais à sua subsistência, saúde e instrução obrigatória, ainda que eventualmente, em razão de:
> a) falta, ação ou omissão dos pais ou responsável;
> b) manifesta impossibilidade dos pais ou responsável para provê-las;

---

12 ALENCAR, Ana Valderez A. N.; LOPES, Carlos Alberto de Souza. *Código de Menores:* Lei nº 6.697/79, comparações, anotações, histórico. Brasília: Senado Federal, 1982.

II – vítima de maus tratos ou castigos imoderados impostos pelos pais ou responsável;
III – em perigo moral, devido a:
a) encontrar-se, de modo habitual, em ambiente contrário aos bons costumes;
b) exploração em atividade contrária aos bons costumes;
IV – privado de representação ou assistência legal, pela falta eventual dos pais ou responsável;
V – com desvio de conduta, em virtude de grave inadaptação familiar ou comunitária;
VI – autor de infração penal.
Parágrafo Único. Entende-se por responsável aquele que, não sendo pai ou mãe, exerce, a qualquer título, vigilância, direção ou educação de menor, ou voluntariamente o traz em seu poder ou companhia, independentemente de ato judicial.

A doutrina do menor em situação irregular não representou real ruptura em relação ao modelo anterior. Ao contrário, foi configuração jurídica precisa do que se almejava desde o golpe de 1964. Nesse sentido, o art. 4º do código é expresso ao recomendar que a aplicação da lei deve considerar "I – as diretrizes da Política Nacional do Bem-Estar do Menor, definidas pela legislação pertinente."

O controle do Estado sobre as entidades particulares também continuou absoluto, pois estas precisavam de registro nos órgãos estaduais responsáveis pelos programas para poderem funcionar, sendo comunicado à autoridade judiciária local e à Fundação Nacional do Bem-Estar do Menor. As entidades que não estivessem adequadas às diretrizes da Política Nacional do Bem-Estar do Menor tinham seus registros negados, com base no art. 10 do Código de Menores.

Enfim, a doutrina do menor em situação irregular caracterizou-se pela imposição de um modelo que submetia a criança à condição de objeto, estigmatizaou-a como situação irregular, violando e restringindo seus direitos mais elementares, geralmente reduzindo-a à condição de incapaz, na qual vigorava uma prática não participativa, autoritária e repressiva, representada pela centralização das políticas públicas.

Havia controle por parte de um Poder Judiciário onipotente e assessorado pelas práticas policiais mais violentas, no qual a institucionalização era a regra para o menino e a menina, simplesmente porque eram pobres e destituídos das condições básicas de exercer seus poderes políticos e ter uma vida digna como deveria ser o direito de toda criança.

Resta destacar que, invariavelmente na análise da produção do direito do menor e da doutrina da situação irregular no Brasil, alguns aspectos comuns são observados como característicos de todo o período, tais como:

1) visão estigmatizada da infância pela produção do conceito de "menoridade" ou simplesmente pelo conceito de "menor";
2) tratamento da "menoridade" como objeto de políticas de controle social;
3) atuação estatal direcionada para a violação e restrição dos direitos humanos;
4) (re)produção da condições de exclusão, com base em critérios individuais, econômicos, políticos, sociais e jurídicos que acentuavam as práticas de discriminação racial e de gênero;
5) definição da infância pelo o que ela não tem e não é, ou seja, a afirmação da teoria jurídica das incapacidades;
6) gestão das políticas governamentais de forma centralizada, autoritária, não participativa;
7) controle centralizado e repressivo das ações associativas e dos movimentos sociais;
8) atuação dos poderes de Estado, principalmente Executivo e Judiciário, justificada pelas condições idealizadas de risco ou perigo;
9) responsabilização individual do menino e da menina pela condição de irregularidade;
10) atuação do Judiciário no campo da gestão direta das ações sociais produzindo o juiz-assistente social e o juiz-policial;
11) garantias oferecidas ao Estado e à sociedade contra a infância;
12) institucionalização como prática dominante e frequente.

CAPÍTULO 5

A transição das velhas doutrinas para a doutrina da proteção integral

A constatação do quadro produzido pelas velhas e obsoletas teorias da situação irregular provocou, na década de 1980, significativas resistências às concepções vigentes simultaneamente a um período em que o Brasil conviveu com o fortalecimento dos movimentos sociais. Assim, diversos setores começavam a exigir mudanças, pois não era mais admissível conviver com o velho modelo.

Era o início de um complexo processo de transição que resultaria na superação do direito do menor pelo direito da criança e do adolescente e, consequentemente, na substituição correspondente da doutrina da situação irregular pela doutrina[13] da proteção integral.

Com segurança, pode-se afirmar que a transição da doutrina da situação irregular do menor para a doutrina da proteção integral estabeleceu-se gradativamente a partir da consolidação dessas práticas e experiências ocorridas durante toda a década de 1980, com ênfase no processo de elaboração da nova Constituição, que, posteriormente, seria o elemento constitutivo das bases do direito da criança e do adolescente no Brasil.

Nesse ambiente que almejava a democratização, os movimentos sociais assumiam o papel de protagonistas na produção de alternativas ao modelo imposto. O imperativo discursivo produzido pelo Estado autoritário recebia a contribuição crítica do espaço público e, portanto, político de reflexão sobre as práticas históricas instituídas sobre a infância.

---

13 Atualmente, o prof. André Viana Custódio tem adotado o termo "teoria da proteção integral", enquanto a profª Josiane Rose Petry Veronese continua trabalhando com a classificação chamada de "doutrina da proteção integral".

Inaugura-se aí uma fase enriquecedora na qual a vitória estava anunciada, pois o enfrentamento entre a doutrina jurídica da situação irregular perdia adeptos na mesma proporção em que os valores da proteção integral ganhavam novos aliados. Finalmente, essa década conviveria com uma utopia mobilizadora para a construção de uma sociedade em que todos poderiam gozar de direitos humanos reconhecidos como fundamentais na nova Constituição que se elaborava. Estava traçada a oportunidade histórica para sepultar o menorismo no Brasil.

No entanto, a contraposição evidente entre a doutrina da situação irregular e a doutrina da proteção integral trouxe resultados para além do que se esperava, pois o marco referencial dessas transformações não se restringiu exatamente ao enfrentamento político entre as duas doutrinas. Trouxe resultados positivos para além do desejado.

Esse processo de transição contou com a colaboração indispensável dos movimentos sociais em defesa dos direitos da infância, que juntamente à reflexão produzida em diversos campos do conhecimento, inclusive aqueles considerados jurídicos, proporcionou a cristalização do direito da criança e do adolescente com uma perspectiva diferenciada, anunciando reflexos radicalmente transformadores na realidade concreta. Por isso, a teoria da proteção integral deixa de se constituir apenas como obra de juristas especializados ou como uma declaração de princípios propostos pela Organização das Nações Unidas, uma vez que incorporou na sua essência a rica contribuição da sociedade brasileira.

Adiciona-se a essa realidade que a teoria da proteção integral incorporou-se antecipadamente no ordenamento jurídico brasileiro, até mesmo antes da própria edição da Convenção Internacional dos Direitos da Criança. Como bem registra RAMIDOFF.[14]

> Em que pese o fato de se ter politicamente adotado na Constituição da República de 1988 a doutrina da proteção integral antes mesmo da oficialização do conjunto de instrumentos legislativos internacionais – e dentre eles, em particular, a Convenção Internacional dos Direitos

---

14 RAMIDOFF, Mário Luiz. *Direito da Criança e do Adolescente:* por uma propedêutica jurídico-protetiva transdiciplinar. 2007. Tese (Doutorado em Direito) – Curso de Pós-Graduação em Direito, Universidade Federal do Paraná, Curitiba, 2007, p. 21.

Humanos da Criança que é do ano de 1989 – percebe-se que intenso movimento popular brasileiro já havia ensejado (re)alinhamento democrático interno com as diversas dimensões humanitárias dos direitos mais comezinhos àquelas pessoas que se encontrassem na condição peculiar de desenvolvimento da personalidade.

A promulgação da Constituição da República Federativa do Brasil,[15] em 5 de outubro de 1988, configurou uma opção política e jurídica que resultou na concretização do novo direito, embasado na concepção de democracia. Segundo COSTA e HERMANY.[16]

[...] foi possível a incorporação dos novos ideais culturais surgidos na sociedade, implementando, ao menos formalmente, a democracia participativa. A proposta é de que a descentralização e democratização caminhem conjuntamente, a fim de garantir a formulação de políticas públicas eficazes, que respondam satisfatoriamente aos anseios da população e que sejam capazes de prevenir e combater a tão propalada exclusão social [...].

A Constituição da República Federativa do Brasil e suas respectivas garantias democráticas constituíram a base fundamental do direito da criança e do adolescente, inter-relacionando os princípios e diretrizes da teoria da proteção integral, que por consequência provocou um reordenamento jurídico, político e institucional sobre todos os planos, programas, projetos, ações e atitudes por parte do Estado, em estreita colaboração com a sociedade civil, nos quais os reflexos se (re)produzem sobre o contexto socio-histórico brasileiro.

A formulação de uma base epistemológica consistente possibilitou à doutrina da proteção integral reunir tal conjunto de valores, conceitos, regras, articulação de sistemas e legitimidade junto à comu-

---

15 BRASIL. Constituição (1988). Constituição da República Federativa do Brasil de 5 de outubro de 1988. *Diário Oficial [da] União*, Poder Legislativo, Brasília, nº 191-A, 5 de out. 1988.

16 COSTA, Marli M. M. da; HERMANY, Ricardo. A concretização do princípio da dignidade humana na esfera local como fundamento do estado democrático de direito frente à pobreza, à exclusão social e à delinquência juvenil. *Revista do Direito*, Santa Cruz do Sul, nº 26, p. 168, jul./dez. 2006.

nidade científica, que a elevou a um outro nível de base e fundamentos teóricos, recebendo, de modo mais imediato, a representação pela ideia de uma doutrina da proteção integral.

A formulação dessa doutrina da proteção integral não seria objeto de maior interesse, ou seria apenas mais uma teoria de caráter formal e abstrato, se não estivesse radicalmente localizada como o elemento substantivo essencial para a compreensão do direito da criança e do adolescente.

Contudo, é preciso reconhecer certos limites evidentes, pois justamente quando se coloca em análise a base teórica formulada sobre o direito da criança e do adolescente, da qual os manuais jurídicos são as expressões mais transparentes, surgem incongruências interpretativas absurdas.

Sem maior risco de erro, é possível observar que, em regra, os manuais e grande parte dos textos acadêmicos especializados não apresentam coerência interna e correlação que permitam distinguir as duas doutrinas. E, menos ainda, há evidência nos manuais de que exista uma teoria específica que embasa o direito da criança e do adolescente, pois nessa tradição ainda é radicalmente desconsiderada, e na maior parte substituída, por convicções individuais sem qualquer tipo de correspondência com a realidade concreta dos esquemas político-jurídicos em ação. Quando se aproximam de temas específicos do direito da criança e do adolescente, tais como os temas da violência e do ato infracional, essas distorções são ainda mais visíveis.

Por isso, tornou-se frequente entre os reconhecidos pesquisadores sobre o tema manter advertências indispensáveis sobre os processos de mudança. Veronese e Rodrigues[17] reconhecem essa necessidade ao relembrarem que: "O cuidado dos que trabalham com o Direito da Criança e do Adolescente deve se dar também no plano da linguagem".

Utiliza-se indiscriminadamente a expressão "adolescente infrator" ou o que é ainda pior: "menor infrator", esta última preza a concepção do menorismo (Códigos de Menores de 1927 e 1979), segundo a qual reduzia-se a objeto a nossa infância.

---

17 VERONESE, Josiane Rose Petry; RODRIGUES, Walkíria Machado. A figura da criança e do adolescente no contexto social: de vítimas a autores de ato infracional. In: VERONESE, Josiane Rose Petry; SOUZA, Marli Palma; MIOTO, Regina Célia Tamaso (Orgs.). *Infância e Adolescência, o conflito com a lei*: algumas discussões. Florianópolis: Funjab, 2001. p. 35.

Nesse contexto, surge como problema o reconhecimento do direito da criança e do adolescente como ramo jurídico que requer uma compreensão de sua base teórica essencial, denominada de "teoria da proteção integral", e que o delineamento de seus princípios e regras podem ser especialmente úteis para afastar confusões, principalmente aquelas tendentes a estabelecer relações entre as duas doutrinas, aqui entendidas como incompatíveis, ou ainda aquelas tendentes à demonstração de que uma é decorrente da acumulação histórica de experiências da doutrina anterior. "É por isso que uma nova teoria, por mais particular que seja seu âmbito de aplicação, nunca ou quase nunca é um mero incremento ao que já é conhecido".[18]

Há possibilidades concretas para se demonstrar que as forças que constituíram a teoria da proteção integral resultaram, em grande parte, da contraposição entre a doutrina da situação irregular e a doutrina da proteção integral, produzindo algo diferente, com magnitude capaz de consolidar elementos com capacidade suficiente para afirmar o direito da criança e do adolescente como um campo jurídico aberto de possibilidades, mas seguro quanto às suas diretrizes, princípios, regras e valores.

Essa inquietação, frequente entre os pesquisadores da área, quando confrontados com certo tipo de produção acadêmica que constrói explicações lógicas articulando conceitos e teorias (a)históricas e sem relação, sem dúvida, incompatíveis e que apresentam como resultado a incoerência do próprio sistema, num esforço teórico que não pode resultar em algo distinto, pois em regra o que está em conflito são os próprios princípios e conceitos radicalmente distintos e que não podem ser observados como se fizessem parte de uma mesma realidade.

Nesse aspecto, é reveladora a afirmação, frequente em muitos textos acadêmicos, que declara não encontrar maior distinção entre os termos *menor* x *criança e adolescente*, quando na realidade a distinção entre elementos tão básicos revela a incompreensão da complexidade distintiva entre percepções radicalmente diversas, ou seja, desconsidera-se o essencial, o reconhecimento da transição paradigmática do direito do menor para o direito da criança e do adolescente.

---

18 Kuhn, Thomas S. *A estrutura das revoluções científicas.* 3. ed. São Paulo: Perspectiva, 1994. p. 26.

CAPÍTULO 6

Os princípios e regras do direito da criança e do adolescente

Para a compreensão de uma teoria própria do direito da criança e do adolescente, é possível lançar olhares sobre uma abordagem principiológica, reconhecendo um caráter duplamente sistemático, ou seja, concebendo-o como um sistema de princípios e regras e de direitos fundamentais.[19]

Podemos então falar do Direito da Criança e do Adolescente como um novo modelo jurídico, isto é, um novo ordenamento de direito positivo, uma nova teoria jurídica, uma nova prática social (da sociedade civil) e institucional (do poder público) do Direito. O que importa, neste caso, é perceber que desde a criação legislativa, passando pela produção do saber jurídico, até a interpretação e aplicação a situações concretas, este Direito impõe-nos o inarredável compromisso ético, jurídico e político com a concretização da cidadania infanto-juvenil.[20]

A ideia central da proteção integral à criança e ao adolescente foi capaz de articular uma teoria própria em determinado momento histórico, porque conseguiu, ao mesmo tempo, conjugar necessidades sociais prementes aos elementos complexos que envolveram mudança

---

19 Para uma análise completa sobre o tema, ver: LIMA, Miguel M. Alves. *O Direito da Criança e do Adolescente*: fundamentos para uma abordagem principiológica. 2001. Tese (Doutorado em Direito) – Curso de Pós-Graduação em Direito, Universidade Federal de Santa Catarina, Florianópolis, 2001.
20 LIMA, *op. cit.*, p. 80.

de valores, princípios, regras e, nesse contexto, conviver com a perspectiva emancipadora do reconhecimento dos direitos fundamentais à criança e ao adolescente.

É possível pensar o direito da criança e do adolescente numa propedêutica jurídico-protetiva transdisciplinar:

> O desenvolvimento da teoria jurídico-protetiva reclama, pois, uma propedêutica de viés transdisciplinar que lhe seja específica e particularmente própria, mas, isto não significa isolamento, e, sim, possibilidade teórica e pragmática de autonomia e eliminação falsificacionista de tudo aquilo que ameace ou viole as condições mínimas de existência digna das pessoas que se encontram na condição peculiar de desenvolvimento da personalidade: crianças e adolescentes.[21]

Como consequência, a doutrina da proteção integral ousou estender seu campo de atuação para a articulação de estratégias de transformação representadas pela construção do sistema de garantias de direitos da criança e do adolescente, e por toda uma inovadora rede institucional que lhe dá sustentação e legitimidade política fundada em um modo de organização em redes descentralizadas.

A construção do direito da criança e do adolescente proporcionou significativo processo de reordenamento institucional, com a desjudicialização das práticas de caráter administrativo, com mudanças de conteúdo, método e gestão, bem como a integração dos princípios constitucionais da descentralização político-administrativa e da democratização na efetivação dos direitos fundamentais da criança e do adolescente, que, a partir daí, têm reconhecido seu *status* de sujeito de direitos, garantindo o irrestrito, amplo e privilegiado acesso à Justiça.[22]

De todo modo, a doutrina da proteção integral não apresenta rigidez às mudanças ou se estabelece como normativamente estática.

---

21 RAMIDOFF, *op. cit.*, p. 83.
22 ROCHA, Eduardo Gonçalves; PEREIRA, Julyana Faria. Descentralização participativa e a doutrina da proteção integral da criança e do adolescente. *Revista da UFG*, v. 5, nº 2, dez. 2003. Disponível em: <http://www.proec.ufg.br/revista_ufg/infancia/P_descentraliza.html>. Acessado em: 3 mar. 2008.

Mas o modo pelo qual foi produzida, transformando toda uma cultura em torno de uma visão sobre a infância no Brasil, ofereceu condições especiais de resiliência suficientes para superar as agressões mais significativas sobre seus problemas de interesse central. Daí as dificuldades dos reformadores em compreender o quão limitado pode ser qualquer esforço de alteração pontual de seu sistema.

Enquanto houver espaço para a construção de esquemas que respondam à formulação dos problemas teóricos básicos, a doutrina da proteção integral tende a se manter consistente. Até porque sua própria característica de nova teoria a mantém num espaço obscuro suficiente para confundir os mais afoitos. Não há na literatura científica sobre o direito da criança e do adolescente qualquer tipo de indício consistente que possa ameaçar o domínio hegemônico da teoria ou a sua superação em médio prazo. As únicas tentativas mais visíveis provêm de um campo superado, frágil e tendente à extinção, que reúne saudosos adoradores da superada doutrina da situação irregular.

Se a doutrina da proteção integral ocupa esse lugar com um ponto de convergência, torna-se, portanto, imprescindível compreender seus reais limites, conteúdos e a própria dinâmica na qual está constituída, para que, ao menos, torne-se operativa o suficiente para responder aos problemas complexos da concretização dos direitos da criança e do adolescente.

O direito da criança e do adolescente encontra fundamento jurídico essencial na Convenção Internacional sobre os Direitos da Criança, na Constituição da República Federativa do Brasil, no Estatuto da Criança e do Adolescente e nas convenções internacionais de proteção aos direitos humanos. No entanto, para sua adequada compreensão, é fundamental percorrer seus princípios fundamentais.

Lima propõe um conjunto de princípios do direito da criança e do adolescente, merecendo destaque para o estudo sobre os princípios estruturantes e concretizantes. O autor inclui entre os princípios estruturantes a vinculação à teoria da proteção integral, a universalização, o caráter jurídico-garantista e o interesse superior da criança.[23]

Como princípios concretizantes, o referido autor estabelece a prioridade absoluta, a humanização no atendimento, a ênfase nas políticas sociais públicas, a descentralização político-administrativa, a

---

23 RAMIDOFF, op. cit., p. 169.

desjurisdicionalização, a participação popular, a interpretação teleológica e axiológica, a despoliciação, a proporcionalidade, a autonomia financeira e a integração operacional dos órgãos do poder público responsáveis pela aplicação do direito da criança e do adolescente.[24]

O mais evidente princípio do direito da criança e do adolescente é aquele de vinculação à teoria da proteção integral, previsto no art. 227 da Constituição Federal e também no Estatuto da Criança e do Adolescente, nos artigos 1º e 3º.

A doutrina da proteção integral, sustenta Veronese, desempenha papel estruturante no sistema na medida em que o reconhece sob a ótica da integralidade, ou seja, traz o reconhecimento de todos os direitos fundamentais inerentes à pessoa humana e, ainda, dos direitos especiais decorrentes da condição peculiar de pessoa em desenvolvimento, que se articulam, produzem e reproduzem de forma recíproca.[25]

Os direitos especiais de proteção também estão previstos no art. 227 da Constituição Federal e regulamentados no Estatuto da Criança e do Adolescente, no art. 5º, prevendo este que: "Nenhuma criança ou adolescente será objeto de qualquer forma de negligência, discriminação, exploração, violência, crueldade e opressão, punido na forma da lei qualquer atentado, por ação ou omissão, aos seus direitos fundamentais".

O reconhecimento dos direitos fundamentais à criança e ao adolescente trouxe consigo o princípio da universalização, segundo o qual os direitos do catálogo são susceptíveis de reivindicação e efetivação para todas as crianças e adolescentes. No entanto, a universalização dos direitos sociais como aqueles que dependem de uma prestação positiva por parte do Estado também exige uma postura proativa dos beneficiários nos processos de reivindicação e construção de políticas públicas. É nesse sentido que o direito da criança e do adolescente encontra seu caráter jurídico-garantista, segundo o qual a família, a sociedade e o Estado têm o dever de assegurar a efetivação dos direitos fundamentais, ou seja, transformá-los em realidade objetiva e concreta.

---

24 *Ibid.*, p. 215.
25 VERONESE, Josiane Rose Petry. Humanismo e infância: a superação do paradigma da negação do sujeito. In: MEZZAROBA, Orides (Org.). *Humanismo Latino e Estado no Brasil*. Florianópolis: Fundação Boiteux; Treviso: Fondazione Cassamarca, 2003. p. 439.

O direito da criança e do adolescente emerge como um sistema orientado pelo princípio do interesse superior da criança, previsto no art. 3º, 1, da Convenção Internacional sobre os Direitos da Criança, determinando que "Todas as ações relativas às crianças, levadas a efeito por instituições públicas ou privadas de bem-estar social, tribunais, autoridades administrativas ou órgãos legislativos, devem considerar, primordialmente, o maior interesse da criança." É um princípio decorrente do reconhecimento da condição peculiar da criança como pessoa em processo de desenvolvimento.

A origem do princípio do interesse superior da criança está localizada no modelo de sociedade desigual produzido pelo sistema capitalista, potencialmente gerador de conflitos de interesses.

Por isso, todos os atos relacionados ao atendimento das necessidades da criança e do adolescente devem ter como critério a perspectiva dos seus melhores interesses. Essa perspectiva é orientadora das ações da família, da sociedade e do Estado, que nos processos de tomada de decisão sempre devem considerar quais as oportunidades e facilidades que mais bem alcançam os interesses da infância.

Nesse contexto, o interesse superior da criança é o critério estruturante de organização sistemática do direito entre seus vários campos, mas também no interior do próprio direito da criança e do adolescente, pois visa a orientar todas as ações voltadas à realização dos direitos fundamentais.

Intrinsecamente relacionado com o interesse superior da criança está o princípio da prioridade absoluta. O art. 227 da Constituição Federal e o art. 4º do Estatuto da Criança e do Adolescente atribuem como dever da família, da sociedade e do Estado a responsabilidade em assegurar os direitos fundamentais, estabelecendo que sua realização deve ser realizada com absoluta prioridade. O art. 4º, parágrafo único, do Estatuto da Criança e do Adolescente determina o alcance da garantia de absoluta prioridade como:

a) primazia de receber proteção e socorro em quaisquer circunstâncias;
b) precedência de atendimento nos serviços públicos ou de relevância pública;
c) preferência na formulação e na execução das políticas sociais públicas;
d) destinação privilegiada de recursos públicos nas áreas relacionadas com a proteção à infância e à juventude.

Além de servir como critério interpretativo na solução de conflitos, o princípio da prioridade absoluta reforça verdadeira diretriz de ação para a efetivação dos direitos fundamentais, na medida em que estabelece a prioridade na realização das políticas sociais públicas e a destinação privilegiada dos recursos necessários à sua execução. Para que seja possível a efetiva realização dos direitos proclamados, as políticas públicas precisam alcançar um patamar diferenciado das práticas historicamente estabelecidas na tradição brasileira, por isso a importância do princípio da ênfase nas políticas sociais básicas, pois esta é a determinação do Estatuto da Criança e do Adolescente em seu art. 87, I, que o incorpora como uma de suas linhas de ação.

Trata-se da tentativa de superação das práticas assistencialistas, meramente emergenciais e segmentadas, que excluíam a maior parte do universo das crianças e adolescentes da possibilidade de usufruir os serviços decorrentes das políticas sociais básicas.

O princípio central da estratégia dirigida a implementar uma proteção integral dos direitos da infância é o restabelecer a primazia das políticas sociais básicas, respeitando a proporção entre estas áreas e as outras políticas públicas previstas na Convenção. Isto significa, em primeiro lugar, que as políticas sociais básicas têm uma função primária e geral e que, com respeito a estas, todas as outras políticas devem ser subsidiárias e residuais; em segundo lugar, que a concepção dinâmica do princípio da igualdade impõe aos Estados membros da Convenção e à comunidade internacional, respectivamente, o respeito de um padrão mínimo de normas do Estado social e de uma regulação do desenvolvimento econômico que respeite os critérios do desenvolvimento humano e não seja contrário a eles.[26]

O princípio da ênfase nas políticas sociais básicas visa a promover o reordenamento institucional, provendo um conjunto de serviços

---

26 BARATTA, Alessandro. Infância e Democracia. In: MÉNDEZ, Emilio García; BELOFF, Mary (Orgs.). *Infância, Lei e Democracia na América Latina:* Análise Crítica do Panorama Legislativo no Marco da Convenção Internacional sobre os Direitos da Criança 1990-1998. Trad. Eliete Ávila Wolff. Blumenau: Edifurb, 2001. p. 49. v. 1.

de efetivo atendimento às necessidades de crianças, adolescentes e suas próprias famílias por meio de políticas de promoção e defesa de direitos, bem como de atendimento em todos os campos destinados à efetivação dos direitos fundamentais. Isso implica também o reconhecimento da assistência social como um campo específico de políticas públicas com caráter emancipatório, desvinculado dos tradicionais laços assistencialistas e clientelistas.

A universalização dos serviços públicos por meio das políticas sociais básicas impõe a implementação de verdadeiras redes de atendimento à população, pois:

> Se o *dever do Estado* conduz à definição de políticas sociais básicas, o *direito de todos* leva à existência de direito público subjetivo, exercitável, portanto, contra o Poder Público. Assim, reconhece-se que o interesse tutelado pelo direito social tem *força subordinante*, isto é, subordina o Estado ao atendimento das necessidades humanas protegidas pela lei.[27]

Assim, a implementação das políticas públicas requer o respeito ao princípio da descentralização político-administrativa, pois essas políticas devem ser realizadas no lugar onde vivem as pessoas. O Estatuto da Criança e do Adolescente determina no art. 86 que: "a política de atendimento dos direitos da criança e do adolescente far-se-á através de um conjunto articulado de ações governamentais e não governamentais, da União, dos estados, do Distrito Federal e dos municípios."

Especificamente em relação às políticas de assistência social, a própria Constituição Federal é clara e determina no art. 204: "I – descentralização político-administrativa cabendo a coordenação e as normas gerais à esfera federal e a coordenação e a execução dos respectivos programas às esferas estadual e municipal, bem como a entidades beneficentes e de assistência social".

Atualmente, as políticas públicas de assistência social estão organizadas no Sistema Único de Assistência Social (SUAS), modelo de gestão utilizado no Brasil para operacionalizar as ações de assistência

---

27 PAULA, Paulo Afonso Garrido de. Educação, Direito e Cidadania. In: ABMP. *Cadernos de Direito da Criança e do Adolescente*. São Paulo: Malheiros, 1995. p. 94. v. 1.

social que ordena um conjunto de serviços de proteção social básica e proteção social especial com o objetivo de enfrentar as vulnerabilidades sociais e prestar a proteção social necessária à emancipação da família.

A descentralização deve estar acompanhada de canais democráticos de participação popular, capazes de reivindicar a continuidade e permanência das ações nesse campo.

A questão da continuidade das ações é algo que deve ser salientado, dado o fato de que se convive muito com a dramática experiência de que, com a mudança dos governos, reformulam-se todos os programas, como se não mais fossem necessárias as propostas do governo anterior, o que revela imaturidade política, demonstrando que o poder gira em torno de personalidades mais preocupadas com o próprio *status* de dominador do que com o verdadeiro bem-estar de seus concidadãos. Tal situação ocorre, entre outras causas, nas sociedades cujas instituições ainda não estão solidamente constituídas.

A descentralização tem o mérito da aproximação da política, bem como do direito da realidade social concreta, o que estimula novas relações democráticas e participativas, muitas vezes consideradas como núcleo essencial do processo de construção de políticas públicas. No entanto, esse papel:

> [...] pode ser cumprido com êxito somente se a rede das relações democráticas de poder e de participação estiver desenvolvida de maneira suficiente na comunidade local. Por outro lado, a experiência mostrou que as necessidades das crianças e a percepção destas necessidades e direitos podem tornar-se um momento construtivo e evolutivo da cultura da democracia e da legalidade democrática no interior da comunidade local.[28]

O princípio da participação popular na construção das políticas públicas prevê ação articulada entre sociedade civil e Estado, com a atuação dos Conselhos dos Direitos da Criança e do Adolescente, como órgãos paritários e controladores das ações em todos os níveis. Esse princípio visa a estabelecer formas de participação ativa e crítica na formulação das políticas públicas, garantindo instrumentos de fiscalização

---

28 BARATTA, *op. cit.*, p. 51.

e controle, amparando as exigências da sociedade quanto à efetivação das políticas com qualidade e em quantidade adequadas.

A construção de um projeto emancipador que torne possível uma nova perspectiva de cultura política encerra em si a questão da participação. As ações da sociedade civil vêm ganhando corpo e legitimidade, principalmente nos últimos anos, em decorrência da conquista de novos espaços sociais e de uma postura crítica positiva em relação aos papéis que devem ser desempenhados pelo Estado.

A participação popular também se viu reforçada com o reenquadramento das políticas públicas no campo da administração do Poder Executivo. A tradicional doutrina menorista mantinha junto ao Poder Judiciário uma série de atribuições estranhas a esse poder, mas legitimada pelo histórico papel de repressão e controle social. O princípio da desjurisdicionalização veio para corrigir essa incongruência. O senador Ronan Tito explica na justificativa do Projeto de Estatuto da Criança e do Adolescente:

> Cabe destacar também, no perfil geral deste projeto de Estatuto, o esforço de desjurisdição da grande maioria dos casos hoje objeto de decisão dos magistrados. Alegarão alguns que o novo Estatuto "retira atribuições" dos senhores Juízes de Menores, hoje sobrecarregados de trabalho e desviados das verdadeiras finalidades da função judicante, uma vez que forçados a controlar e administrar a pobreza e as mazelas sociais dela resultantes. Contraditando frontalmente essa alegação, o Estatuto sobreleva, dignifica e resgata a função precípua do magistrado, que passará a ater-se nesta área ao exercício de uma das mais nobres e elevadas funções sociais, qual seja, sem dúvida alguma, a distribuição da justiça.[29]

A desjurisdicionalização pretende definitivamente afastar do campo do Poder Judiciário a função assistencial, pois não é essa a razão da Justiça. Cabe ao poder público, por meio do Poder Executivo, prover os serviços necessários de atendimento à criança e ao adolescente.

---

29 TITO, Ronan; AGUIAR, Nelson. A justificativa do Estatuto. In: PEREIRA, Tânia da Silva (Org.). *Estatuto da Criança e do Adolescente*: Lei nº 8.069/90: Estudos "Sócio-Jurídicos". Rio de Janeiro: Renovar, 1992. p. 40.

No entanto, o Poder Judiciário é chamado a assumir um novo papel, mais comprometido com a efetivação dos direitos fundamentais quando estes não estiverem ao alcance necessário à sua concretização.

Isso não significa a absoluta individualização das responsabilidades com a efetivação dos direitos fundamentais da criança e do adolescente, mas a verdadeira ação compartilhada e complementar no sistema de garantias de direitos orientado pela integração operacional dos órgãos do poder público responsáveis pela execução do direito da criança e do adolescente.

O princípio da despoliciação, que implica também a descriminalização, elevou a efetivação dos direitos da criança e do adolescente para um novo patamar, ou seja, àquele que reconhece a efetivação dos direitos por meio de políticas públicas de promoção, substituindo as práticas repressivas e de controle social vigentes no menorismo.[30]

O direito da criança e do adolescente tem a sua própria teleologia e axiologia, amparadas pelo reconhecimento de princípios promocionais, e intimamente ligados com o princípio da dignidade da pessoa humana, e dos direitos humanos em seu contexto mais amplo. Por isso, sua interpretação requer o reconhecimento da criança e do adolescente em sua condição peculiar de pessoa em desenvolvimento, tendo uma teleologia social, valorizando o bem comum, os direitos e garantias individuais e coletivos, como determina o art. 6º do Estatuto da Criança e do Adolescente.

O desafio está na construção de uma teoria que ampare significados comuns nas diferentes lutas entre os atores coletivos, significados que identifiquem possibilidades de diálogo sobre as opressões das quais são vítimas e resistem, assim como nas aspirações e desejos daquilo que se pretende construir.[31] Segundo Luz,[32]

---

30 Pereira, Tânia da Silva. A Convenção e o Estatuto. In: _____. (Org.). *Estatuto da Criança e do* Adolescente: Lei nº 8.069/90: Estudos "Sócio-Jurídicos". Rio de Janeiro: Renovar, 1992. p. 83.

31 Santos, Boaventura de Sousa. *A crítica da razão indolente:* contra o desperdício da experiência: Para um novo censo comum: a ciência, o direito e a política na transição paradigmática. São Paulo: Cortez, 2000. p. 27.

32 Luz, Vladimir de Carvalho. *Assessoria Jurídica Popular no Brasil.* Rio de Janeiro: Lumen Juris, 2008. p. 218.

Finalmente, se ainda é possível pensar com seriedade a validade da máxima para qual a "humanidade só se propõe às tarefas que pode resolver", a questão da teoria crítica, no campo das práticas jurídicas, terá de enfrentar, a partir dos diálogos com as experiências já construídas, uma fundamentação de valores – o que o positivismo jurídico clássico sempre renegou – de forma que seja colocado no centro das atenções o tão antigo e permanente debate sobre justiça.

Uma reflexão sobre justiça no direito da criança e do adolescente se faz necessária e implica o repensar das trajetórias culturais, jurídicas e sociais estabelecidas ao longo da história brasileira, e o despertar "[...] para a construção de um pensamento crítico-interdisciplinar, marcado por uma racionalidade jurídica emancipadora e por uma ética da alteridade, expressão de novas práticas sociais participativas".[33]

Sabe-se que pouca efetividade será alcançada sem o compromisso firme com o princípio da tríplice responsabilidade compartilhada, segundo o qual a família, a sociedade e o Estado têm o dever de assegurar os direitos fundamentais da criança e do adolescente. Nesse contexto, a articulação dos princípios do direito da criança e do adolescente para sua aplicação na realidade concreta pode desempenhar um papel pedagógico, verdadeiramente provocador da cidadania, da democracia e das necessárias transformações sociais e políticas. Esse é o fundamento emancipatório da teoria da proteção integral como instrumento de concretização dos direitos fundamentais de crianças e adolescentes.

---

33 WOLKMER, Antônio Carlos. *História do Direito no Brasil*. 2. ed. Rio de Janeiro: Forense, 2000. p. 142.

CAPÍTULO 7

A prevenção especial

O Estatuto da Criança e do Adolescente destinou segmento específico para tratar da prevenção contra a violação dos direitos de crianças e adolescentes. Não se pode confundi-la com a ideia de prevenção contra atitudes de crianças e adolescentes, mas, sim, configura-se em efetiva proteção contra a violação de seus direitos.

Nesse sentido, atribui-se o dever a todos na prevenção contra qualquer tipo de ameaça ou violação dos direitos de crianças e adolescentes propugnando uma perspectiva de proteção integral (art. 70).

Numa sociedade marcada pela produção de informação em massa e profundamente orientada pela lógica de mercado, a cidadania frequentemente acaba por se reduzir à mera noção de consumidor. Como crianças e adolescentes são pessoas em condição peculiar de desenvolvimento, fez-se necessário o estabelecimento de regras específicas de proteção.

Sem dúvida reconhece-se o pleno direito de acesso à informação, cultura, lazer, esportes, diversões, espetáculos e aos produtos e serviços (art. 71). No entanto, quando o acesso a essas condições representar possibilidade de violação ou ameaça ao desenvolvimento da infância, sofrerá restrições legais visando garantir o princípio da dignidade da pessoa humana.

O processo de desenvolvimento de crianças e adolescentes passa pela incorporação de referenciais adultos nos espaços de socialização básicos, tais como a família, a escola e a comunidade. Contudo, os avanços tecnológicos e a (re)produção cultural em massa, produzida pelos meios de comunicação, tendem a assumir, cada vez mais, uma importância significativa no desenvolvimento infanto-juvenil. Daí a necessidade de o Estado estabelecer limites à exploração comercial sobre a infância, com vistas a atender a garantia de desenvolvimento integral aplicando medidas de responsabilização nos casos de ameaça ou violação dos direitos proclamados, sejam praticados por pessoas físicas ou jurídicas (art. 73). Evidentemente que as previsões estatutárias não excluem outras medidas jurídicas, tais como a responsabilização civil e penal pelos direitos violados (art. 72).

Cabe aos poderes públicos, por meio de seus órgãos competentes, regular as diversões e espetáculos públicos. Nessa regulamentação, devem constar a natureza de tais eventos, as faixas etárias às quais não se recomendam, bem como os locais e horários em que sua apresentação seja inadequada (art. 74).

Os responsáveis pelas diversões e espetáculos públicos têm o dever de afixar na entrada dos locais de exibição, em lugar visível e de fácil acesso, informações com destaque sobre a natureza do espetáculo e a faixa etária especificada pelo órgão competente (art. 74, parágrafo único).

Uma vez estabelecidos os limites recomendados para acesso aos espetáculos e diversões, garante-se o pleno acesso de crianças ou adolescentes a tais eventos, não se podendo vedar o acesso com base em quaisquer outros critérios, pois o direito da criança e do adolescente proíbe qualquer discriminação decorrente de gênero, condição, cultura, origem étnico-racial, dentre outras (art. 75).

A lei tão somente estabelece proteção especial decorrente da própria condição de desenvolvimento da criança e do adolescente e, por isso, não se constitui em discriminação por critério de idade a proibição de acesso a espetáculos ou diversões que atentem contra a dignidade de crianças e adolescentes.

O Estatuto da Criança e do Adolescente estabelece que as crianças com idade inferior a dez anos precisam da companhia dos pais ou responsáveis para ingressar e permanecer em locais de apresentação ou exibição de espetáculos ou diversões (art. 75, parágrafo único).

É preciso ressaltar que compete à autoridade judiciária disciplinar ou autorizar, mediante a expedição de alvará, a entrada e permanência de criança ou adolescente desacompanhado dos pais ou responsável em estádios, ginásios e campos desportivos, bailes ou promoções dançantes, boates, casas que explorem comercialmente diversões eletrônicas, estúdios cinematográficos, de teatro, rádio e televisão.

De igual modo, a autoridade judiciária deverá disciplinar ou autorizar a participação de criança ou adolescente em espetáculos públicos, seus ensaios e em certames de beleza. A referidas portarias ou autorizações deverão ser fundamentadas, evitando-se determinações de caráter geral, e levarão em conta os princípios fundamentais do direito da criança e do adolescente, as características e peculiaridades de cada localidade, a garantia de existência de instalações adequadas, o tipo de frequência habitual do local, a natureza dos espetáculos e a adequação do ambiente a eventual participação ou frequência de crianças e adolescentes (art. 149).

É necessário acentuar que a portaria judicial disciplinadora do acesso de crianças e adolescentes aos espetáculos e diversões não deve prever qualquer tipo de permissão para crianças e adolescentes frequentarem estabelecimentos que explorem comercialmente bilhar, sinuca ou congênere, ou casas de jogos que realizem apostas, pois o Estatuto prevê expressamente a proibição de acesso a esses locais antes dos dezoito anos, determinando, inclusive, que os responsáveis por tais estabelecimentos afixem orientações a respeito para o público (art. 80)

A fiscalização sobre o cumprimento das portarias e alvarás nessas atividades compete à autoridade judiciária, que poderá exercê-la mediante a fiscalização realizada pelos comissários da infância e da juventude. É recomendável que essa atribuição não seja transmitida tão somente ao Conselho Tutelar, que deverá agir nesses casos somente diante da omissão da fiscalização judicial respectiva e do recebimento de denúncia decorrente de ameaça ou violação de direitos (art. 98).

O Estatuto da Criança e do Adolescente determina que as emissoras de rádio e televisão devem restringir-se a exibir apenas programas com finalidades educativas, artísticas, culturais e informativas nos horários recomendados para o público infanto-juvenil, sendo que nenhum espetáculo poderá ser exibido ou anunciado sem aviso prévio de sua classificação (art. 76). O horário considerado como de proteção à criança e ao adolescente é aquele compreendido entre 06 e 23 horas.

O controverso tema da classificação indicativa foi objeto de regulamentação na Portaria nº 1.220, de 11 de julho de 2007. É necessário entender que entre o direito à livre informação dos meios de comunicação e o direito de proteção integral ao desenvolvimento de crianças e adolescentes prevalece o princípio da prioridade absoluta e, portanto, a classificação indicativa constitui-se no princípio basilar da dignidade da pessoa humana.

A Constituição da República Federativa do Brasil garante, nos seus arts. 5º, IX, e 220, que compete à União exercer a classificação indicativa de diversões públicas e de programas de rádio e televisão. Além disso, cabe aos pais no exercício do poder familiar garantir a proteção de seus filhos. O poder público, nesse caso o Poder Executivo, segundo o art. 3º da Lei nº 10.359, de 27 de dezembro de 2001, deverá proceder à classificação indicativa dos programas de televisão ouvindo as entidades representativas das emissoras concessionárias e permissionárias de serviços de televisão, incluindo-se aquelas por assinatura e a cabo.

A classificação indicativa é parte integrante do sistema de garantias de direitos da criança e do adolescente e, para sua concretização, requer a atuação articulada entre as diversas instituições de atendimento, proteção, promoção e justiça.

O Ministério da Justiça é o órgão responsável pela classificação indicativa dos programas de televisão em geral, com o objetivo de ampliar a capacidade de informação à população sobre os conteúdos dos programas exibidos ou anunciados, exercendo efetivamente um papel pedagógico nas relações comunicativas. Os programas e obras audiovisuais são classificados pelo Departamento de Justiça, Classificação, Títulos e Qualificação, vinculado à Secretaria Nacional de Justiça do referido ministério, que inclui prioritariamente entre seus procedimentos a prática da autoclassificação.

A classificação indicativa deve levar em consideração as características da obra ou produto audiovisual, fazer o monitoramento do conteúdo exibido nos programas sujeitos à classificação e atribuir classificação para efeito indicativo.

Alguns tipos de obras audiovisuais, lamentavelmente, não estão sujeitos à classificação indicativa, tais como os programas jornalísticos, esportivos, programas ou propagandas eleitorais e a publicidade em geral, incluídas aquelas vinculadas à programação. Por óbvio, mesmo os programas que não estejam submetidos à classificação indicativa não estão isentos de responsabilização nos casos de abusos, com exceção dos programas jornalísticos ou de notícia, por motivos que se desconhece.

As obras audiovisuais destinadas à apresentação em programas de televisão são classificadas com base nos critérios de sexo e violência. Quando classificadas como "livre" ou "não recomendado para menores de 10 anos", poderão ser exibidas em qualquer horário. Quando não recomendadas para menores de 12 anos, não poderão ser exibidas antes das 22 horas; se não recomendadas para menores de 14 anos, a exibição é vedada antes das 21 horas; quando não recomendadas para menores de 16 anos, não poderão ser exibidas antes das 22 horas; e aquelas obras audiovisuais não recomendadas para menores de 18 anos não poderão ser exibidas antes das 23 horas. (arts. 17-19, Portaria nº 1.220, de 11 de julho de 2007). A programação deve levar em consideração, ainda, os diferentes fusos horários, especialmente em relação àqueles programas transmitidos com abrangência nacional.

Como se trata de classificação indicativa, sem dúvida serão os pais ou responsáveis no exercício do poder familiar que deverão decidir sobre o acesso dos filhos a tais programas. O art. 18, parágrafo único, da citada Portaria, prevê que o exercício do poder familiar pressupõe o conhecimento prévio da classificação atribuída aos programas de televisão e a possibilidade de controle eficaz por meio da existência de dispositivos eletrônicos de bloqueio de recepção de programas ou mediante a contratação de serviço de comunicação eletrônica de massa por assinatura que garanta a escala da programação.

Qualquer pessoa tem a legitimidade para verificar o cumprimento das normas de classificação indicativa. Observando a violação, poderá encaminhar ao Ministério da Justiça, Conselho Tutelar, Ministério Público, Poder Judiciário ou até ao Conselho Nacional dos Direitos da Criança e do Adolescente representação fundamentada sobre a respectiva violação.

Quando se tratar da venda ou aluguel de fitas ou CDs de programação em vídeo, os proprietários, diretores, gerentes e funcionários de empresas deverão cuidar para que não haja comercialização em desacordo com a classificação indicativa. Nesse caso, os produtos audiovisuais deverão exibir nas próprias embalagens informações sobre a natureza da obra e a faixa etária à qual se destinam (art. 77).

Já as revistas e publicações com conteúdo considerado impróprio ou inadequado para crianças e adolescentes precisam de embalagem lacrada para sua comercialização, contendo, inclusive, advertência sobre seu conteúdo. Por isso, as editoras devem cuidar para que as capas que contenham mensagens ou imagens consideradas obscenas ou pornográficas sejam embaladas em material opaco (art. 78).

Toda publicação ou revista destinada a crianças ou adolescentes não podem conter ilustrações, fotografias, legendas, crônicas ou anúncios de bebidas alcoólicas, tabaco, armas e munições, respeitando os valores éticos e sociais da pessoa e da família (art. 79).

O direito do consumidor estabelece regras amplas de proteção contra produtos e serviços. Nesse sentido, o Estatuto da Criança e do Adolescente restringiu-se a uma proteção complementar e mínima quanto aos produtos e serviços prejudiciais à criança e ao adolescente. Nesse aspecto, deve-se entender também que se o Estatuto protege a criança e o adolescente contra a venda ou comercialização de tais produtos e serviços, igualmente proíbe o consumo e o trabalho em tais atividades.

É proibida a venda para crianças e adolescentes de armas, munições e explosivos; fogos de estampido e de artifício, exceto aqueles que pelo seu reduzido potencial sejam incapazes de provocar qualquer dano físico em caso de utilização indevida; bebidas alcoólicas; produtos cujos componentes possam causar dependência física ou psíquica, mesmo que por utilização indevida; bilhetes lotéricos ou equivalentes; revistas e publicações com mensagens ou imagens consideradas obscenas ou inadequadas (art. 81). Merece atenção especial a prática, muitas vezes promovida até por escolas com o fim de arrecadar recursos, de venda de bilhetes lotéricos ou equivalentes, o que inclui rifas e bilhetes de sorteio, circunstância esta absolutamente vedada pela legislação.

No âmbito das medidas de prevenção especial elencadas no Estatuto da Criança e do Adolescente, constam também medidas relativas à regulamentação da autorização para viajar e da hospedagem.

A viagem de crianças e adolescentes sofre restrições especiais com vistas a sua proteção. O Estatuto da Criança e do Adolescente determina que nenhuma criança, pessoa com idade até 12 anos de idade, poderá viajar para fora da comarca onde reside, desacompanhada dos pais ou responsáveis, sem expressa autorização judicial. Haverá dispensa de autorização judicial quando a criança deslocar-se a comarca contígua da sua residência, desde que na mesma unidade da federação ou na mesma região metropolitana, ou se estiver acompanhada por ascendente (pais, avós, bisavós) ou colateral adulto até o terceiro grau (irmãos e tios) comprovando-se documentalmente o parentesco. De igual modo, estará dispensada a autorização se estiver acompanhada de adulto expressamente autorizado pelo pai, mãe ou responsável. Fora desses casos, os pais ou responsáveis deverão solicitar ao Juizado da Infância e da Juventude autorização para viagem, que poderá ser válida por até dois anos, desde que devidamente justificada e a critério exclusivo da autoridade judiciária sobre sua conveniência (art. 83).

Para o deslocamento de adolescentes no território nacional, não existem critérios que estabeleçam limites formais de proibição. Entende-se que a autorização é tácita, mas que está condicionada à conduta obrigatória de cuidado com os filhos decorrente do exercício do poder familiar pelos pais ou do responsável. Assim, o adolescente somente poderá ser conduzido a sua família mediante aplicação de medida de proteção exclusivamente pelo Conselho Tutelar quando estiver em condições que possam ameaçar ou violar os próprios direitos, pois não cabe restrição ao pleno direito de ir e vir quando as razões apresentadas não se justificarem plenamente.

Já nos casos de viagem ao exterior, o Estatuto da Criança e do Adolescente exige autorização judicial tanto para crianças quanto para adolescentes. A autorização será dispensada nos casos em que a criança ou o adolescente estiverem acompanhados de ambos os pais, no caso em que os dois pais estejam no exercício do poder familiar, ou responsável. E, quando o adolescente viajar na companhia de apenas um dos pais, deverá ter autorização expressa do outro por meio de documento com firma reconhecida, evidentemente quando esse outro estiver no exercício do poder familiar (art. 84).

Para a hospedagem de crianças e adolescentes em hotel, motel,[34] pensão ou estabelecimentos congêneres, é indispensável autorização escrita ou a companhia dos pais ou responsável (art. 82) A violação dessa previsão caracteriza-se como infração administrativa, prevista no art. 250 do Estatuto, com multa de dez a cinquenta salários de referência, podendo a autoridade judiciária determinar o fechamento do estabelecimento por até quinze dias no caso de reincidência.

Em qualquer hipótese, não poderão sair do território nacional qualquer criança ou adolescente, aqui nascidos, em companhia de estrangeiro, residente ou domiciliado no exterior, sem a prévia e expressa autorização judicial, mesmo que tenha anuência expressa dos próprios pais (art. 85).

---

34 Em que pese a previsão legal (art. 82, do ECA) no que se refere à natureza desse tipo de estabelecimento, entendemos que não caberia uma autorização dos pais para que crianças ou adolescentes se hospedassem em locais compreendidos como motéis no Brasil. Portanto, advogamos a tese de que essa autorização é inconstitucional, com fundamento na doutrina da proteção integral.

CAPÍTULO 8

Os Conselhos de Direitos da Criança e do Adolescente e a política de atendimento

Consideramos que a cidadania pode ser compreendida como um ativo processo de reivindicação de direitos e de reconhecimento de novos direitos sociais ou de direitos já existentes, e para a ampliação desse processo faz-se necessária a participação popular.

O Estatuto da Criança e do Adolescente dá ênfase à descentralização e à municipalização enquanto política de atendimento – arts. 86 e 88, ECA. E mais: estimula a participação da sociedade civil em conselhos e fóruns.

Nesse sentido, os Conselhos de Direitos da Criança e do Adolescente se apresentam como o espaço institucional nas tarefas de decisão e controle, trabalhando com dois sujeitos sociais: governo e sociedade.

O Conselho dos Direitos da Criança e do Adolescente, na Constituição Federal, tem sua base legal nos arts. 227, § 7º, e 204, uma vez que esta estabelece como diretriz para as ações governamentais na área da criança e do adolescente a descentralização político-administrativa e a participação da população.

Prevê também o Estatuto da Criança e do Adolescente no art. 88, I, II e IV, entre as diretrizes da política de atendimento, a municipalização, a criação dos conselhos municipais, estaduais e nacionais dos direitos da criança e do adolescente e, ainda, a manutenção de fundos nacional, estadual e municipal vinculados aos respectivos conselhos.

Os Conselhos de Direitos da Criança e do Adolescente são criados por lei, votada pelos vereadores no âmbito do município e, na Assembleia Legislativa, pelos deputados, no âmbito estadual. Pela mesma forma legislativa, é criado o Conselho Nacional dos Direitos da Criança e do Adolescente (Conanda), instituído pela Lei nº 8.242, de 12 de outubro de 1991.

Ao Conanda compete as normas gerais da política nacional de atendimento, fiscalizando as ações de execução, observadas as linhas de ação e as diretrizes estabelecidas pelo Estatuto; deve também zelar pelo cumprimento da política nacional e, entre outras atribuições, dar apoio aos conselhos estaduais e municipais e entidades não governamentais, para tornar efetivos os princípios, as diretrizes e os direitos estabelecidos pelo Estatuto. De acordo com o art. 87 do Estatuto, as linhas de ação da política de atendimento são:

I – políticas sociais básicas;
II – políticas e programas de assistência social, em caráter supletivo, para aqueles que deles necessitem;
III – serviços especiais de prevenção e atendimento médico e psicossocial às vítimas de negligência, maus-tratos, exploração, abuso, crueldade e opressão;
IV – serviço de identificação e localização de pais, responsável, crianças e adolescentes desaparecidos;
V – proteção jurídico-social por entidades de defesa dos direitos da criança e do adolescente;
VI – políticas e programas destinados a prevenir ou abreviar o período de afastamento do convívio familiar e a garantir o efetivo exercício do direito à convivência familiar de crianças e adolescentes;
VII – campanhas de estímulo ao acolhimento sob forma de guarda de crianças e adolescentes afastados do convívio familiar e à adoção, especificamente inter-racial, de crianças maiores ou de adolescentes, com necessidades específicas de saúde ou com deficiências e de grupos de irmãos.

Na política de atendimento para o adolescente autor de ato infracional prioriza-se a integração operacional das entidades de defesa dos direitos da criança e do adolescente, assim como do Judiciário, do Ministério Público, da Defensoria, da Segurança Pública e da Assistência Social através de um conjunto articulado de ações, segundo o art. 87, V.

O Conselho Estadual também é criado por lei, votada pela Assembleia Legislativa, e suas normas deverão definir as políticas de proteção e defesa dos cidadãos em desenvolvimento, a atuação do Executivo, bem como a dotação orçamentária para os programas infanto-juvenis no estado. Na forma do art. 88, II, o Conselho Estadual será deliberativo, controlador das ações em todos os níveis, com participação paritária por meio de organizações representativas.

O Conselho Municipal é órgão deliberativo e controlador das ações a serem implantadas e implementadas na municipalidadade, nos termos do art. 88, II.

Deliberação vem de *deliberatio*, ou seja, resolver, decidir; portanto, o conselho resolve e decide a questão de maneira genérica, envolvendo todo o município. Na ação de deliberar, deve o conselho ser órgão intelectual, programando a linha de ação do governo municipal e demonstrando a ação prática que deve ser adotada. Para isso, necessita-se de um estudo real e profundo da situação municipal, verificando os problemas existentes na localidade, com vistas a apresentar, ao executivo municipal, planos e estratégias de intervenção.

Como órgão controlador, deve o conselho verificar se a administração municipal está agindo de acordo com as propostas oferecidas e, a partir de então, agir como órgão fiscalizador.

Os integrantes desse conselho são pessoas da própria municipalidade, das organizações representativas, havendo participação paritária, o que não significa que todas as organizações municipais tenham de ter representantes. Trata-se de assunto para lei municipal, em que o legislador local deve compor o conselho, fixando o número de membros, a forma de sua escolha e por quais entidades será composto.

O art. 89 do Estatuto da Criança e do Adolescente prevê que a função de membro do Conselho Nacional e dos Conselhos Estaduais e Municipais é considerada de interesse público relevante, e não será remunerada.

A representação paritária é formada por entes oriundos das instâncias governamentais e organizações representativas da sociedade. Assim, os Conselhos de Direitos, enquanto órgãos públicos presentes nas três esferas – municipal, estadual e federal –, são, concretamente, veículos de democratização do poder. Sua tarefa é a criação de mecanismos político-institucionais de articulação da política de atendimento aos direitos de crianças e adolescentes. Os conselheiros, os eleitos e os nomeados, são definidos por lei como "agentes públicos".

Os Conselhos de Direitos têm sido objeto de algumas sérias e pertinentes críticas:
1º) O Governo tem desrespeito à lei, impondo, por questões "políticas", um maior número de representantes;
2º) A sociedade civil muitas vezes tem sido mal-representada, com representantes de facções/ideologias que não se identificam com os objetivos do Estatuto.

A sociedade civil é constituída, exemplificativamente, por várias entidades e movimentos prestadores serviços, associações de moradores, entidades de assistência, de defesa etc. que lhe dariam uma faceta multidimensional, e não um condicionamento ou restrição a um único campo específico de atuação.

A representatividade da sociedade civil se realiza em processo eletivo nos Fóruns Permanentes de Entidades Não Governamentais em Defesa dos Direitos da Criança e do Adolescente (Fóruns DCA), os quais são a instância mobilizadora da sociedade, a concretização do art. 204 do Estatuto da Criança e do Adolescente.

O papel dos Conselhos de Direitos é, especialmente, definir e implementar a política de atendimento à criança e ao adolescente, com poder deliberativo e de controle.

Os conselhos não substituem o dever do governo na realização de seu papel precípuo – executar políticas –, porém participam e devem promover ampla visibilidade para que a sociedade civil e governo se engajem e queiram uma política de atendimento integral à criança e ao adolescente.

Os conselhos não só deliberam sobre essas políticas. Também acompanham sua implementação, execução e seus resultados. A essas atividades de acompanhamento chamamos de "controle". É por isso que o ECA institui legalmente, como papel dos conselhos, deliberar e controlar.

Como o exercício do controle não tem tradição no país, não se deve constituir numa tarefa isolada do conselho. Há que ser necessariamente uma tarefa exercida com toda a sociedade.

Como instrumento de representação da sociedade, o conselho deve atuar o mais próximo possível da população, envolvendo-a nas discussões, análises e escolhas, para que esta tenha capacidade de exercer o papel de controle.

A falta de informação, transparência e a setorização/fragmentação das ações públicas dificultam o exercício do controle pela população. A qualidade do serviço público tem direta relação com o controle exercido pela comunidade. O Conselho de Direitos é um instrumento imprescindível nesse movimento de qualificação das comunidades para o exercício contínuo do controle.

A política de atendimento dos direitos da criança e do adolescente realiza-se por meio do conjunto articulado de ações governamentais e não governamentais nos três níveis de governo, mediante a colaboração recíproca entre os municípios, os estados, o Distrito Federal e a União. Na proposta do direito da criança e do adolescente, a política de atendimento envolve linhas de ação, diretrizes e responsabilidades relativas aos programas e entidades de atendimento.

As linhas de ação da política de atendimento dos direitos da criança e do adolescente, previstas no art. 87, envolvem: políticas sociais básicas; políticas e programas de assistência social; serviços especiais de prevenção, atendimento, identificação e localização dos pais ou responsáveis, bem como proteção jurídico-social prestada por entidades de defesa dos direitos da criança e do adolescente.

As políticas sociais básicas estão direcionadas para a efetivação direta e imediata dos direitos fundamentais, previstos na Constituição da República Federativa do Brasil no artigo 227. Costa[35] define as políticas sociais básicas como:

> Os benefícios ou serviços de prestação pública dos quais podemos dizer: "isto é direito de todos e dever do Estado", ou seja, as políticas sociais básicas dirigem-se ao universo mais amplo possível dos destinatários, sendo, portanto, de prestação universal. Educação e saúde, por exemplo, são direitos de todas as crianças e dever do Estado. Não pode, portanto, existir criança ou adolescente, independente da sua condição, que esteja legalmente privado do direito à educação e à saúde. Trata-se de um direito de todos, reconhecido e prestado ao conjunto da população infanto-juvenil sem distinção alguma.

---

35 Costa, Antônio Gomes da. *O Estatuto da Criança e do Adolescente e o Trabalho Infantil*: trajetória, situação atual e perspectivas. Brasília: OIT; São Paulo: LTr, 1994. p. 43.

Sob essa perspectiva, a política social básica incluiu os programas de atendimento articulado com a prestação de serviços especializados como forma de garantia e efetivação dos direitos fundamentais da criança e do adolescente, mas também estabeleceu uma política de assistência social como um direito humano fundamental, visando garantir a emancipação da criança, do adolescente e de sua família. Trata-se, portanto, de uma política do agir estatal. Nos termos propostos por LIMA,[36]

> [...] uma política do agir estatal é uma macropolítica que impõe ao Estado um Agir, por *dever de agir*, tendo em vista que o Estado é instrumento à disposição da sociedade para que o processo social centrado na pessoa humana seja permanente e não fique à mercê da caridade, da filantropia, da concessão, nem dependa de eventuais crises sistêmicas que possam abalar a estabilidade social ou política, a governabilidade, ou fenômeno desse gênero.

Entretanto, o Estatuto da Criança e do Adolescente também se preocupou com a necessidade de atendimento às condições especiais que possam ameaçar ou violar os direitos da criança e do adolescente, ao prever, no art. 87, II, a garantia de oferecimento de serviços especiais que façam a prevenção e atendimento médico e psicossocial às vítimas de negligência, maus-tratos, exploração, abuso, crueldade e opressão. Daí a necessidade de atendimento especializado que compreenda as consequências dessas situações e esteja preparado para perceber os danos ao desenvolvimento físico e psicológico da criança e do adolescente, oferecendo alternativas concretas àquela condição.

Os serviços especiais devem estar preparados para atender as crianças e adolescentes vítimas, independentemente de qualquer condição, preocupando-se sempre com o restabelecimento dos laços familiares, o amparo e a proteção. Por isso a importância da manutenção de serviços para a identificação dos pais ou responsáveis, possibilitando a efetiva reintegração familiar e evitando-se, dessa forma, o rompimento dos vínculos afetivos e sociais da criança e do adolescente, desde que essas medidas venham acompanhadas de um suporte assistencial visando atender as necessidades da família, da criança e do adolescente.

---

36 LIMA, *op. cit.*, p. 322.

Os serviços especiais de atendimento à criança e ao adolescente reservam um papel importante, mas isoladamente apresentam pouco efeito, ou seja, precisam estar acompanhados de um conjunto integrado de políticas públicas básicas de caráter universal e acessível para todos. A implementação da Política Nacional de Assistência Social e do Sistema Único de Assistência Social promoveu o reordenamento dos serviços no âmbito da proteção social básica e especial, que estão disciplinados na Tipificação Nacional de Serviços Socioassistenciais, aprovada pela Resolução do Conselho Nacional de Assistência Social nº 109, de 11 de novembro de 2009.

A crítica produzida pela verificação dos limites das tradicionais políticas sociais brasileiras, de caráter centralizador, burocrático e compensatório e, que sem dúvida, além de deixarem poucos resultados contribuíram decisivamente para o aprofundamento do processo de exclusão social, possibilitou uma nova concepção relativa à política de atendimento, hoje já consolidada no direito da criança e do adolescente.

A política de atendimento dos direitos da criança e do adolescente está amparada por um conjunto de diretrizes que trouxeram um verdadeiro reordenamento institucional, "[...] de forma a ressituar os serviços, regionalizar ações e estabelecer funções compartilhadas pelas diferentes instâncias e setores da sociedade (governamentais e não governamentais), no sentido de viabilizar a atenção em rede através de ações integradas".[37] Isso representa uma profunda ruptura com os modelos anteriores, orientados pelo estigma da menoridade, da situação irregular e do falacioso bem-estar do menor.

Nesse sentido, foram estabelecidas a municipalização do atendimento, a criação dos Conselhos dos Direitos da Criança e do Adolescente, a mobilização e participação da sociedade civil, a descentralização, a criação de fundos vinculados aos conselhos, a integração operacional dos órgãos do sistema de garantias de direitos.

As novas diretrizes dedicaram atenção especial aos programas e entidades de atendimento, definindo regimes dos programas, procedimentos para registro e autorização de funcionamento às entidades não governamentais e programas governamentais, bem como atribuiu uma

---

37 Observatório dos direitos do cidadão. *Análise das Políticas Municipais da Criança e do Adolescente (2001-2001).* São Paulo: Polis, PUC/SP, 2004. p. 25-26.

sistemática para a fiscalização das entidades, promovendo a participação ativa da sociedade na política de atendimento.

A construção de uma política de atendimento requer a integração de uma rede de organizações de atendimento, governamentais e não governamentais, que colaboram para a produção de diagnósticos, controles, monitoramentos e avaliações com vistas a uma melhoria qualitativa dos serviços prestados.

Além das diretrizes previstas no Estatuto da Criança e do Adolescente, nos últimos anos foram estabelecidas novas estratégias de ação nas conferências municipais, estaduais e nacionais dos direitos da criança e do adolescente, ambas amparadas pelos princípios da teoria da proteção integral.

As Conferências dos Direitos da Criança e do Adolescente são realizadas no interstício de dois anos com a finalidade de avaliar as ações realizadas e apontar diretrizes de ação para os próximos dois anos nos três níveis, com ampla participação da sociedade civil e representantes de governo.

A comunidade encontra nas Conferências dos Direitos da Criança e do Adolescente um novo espaço de participação e de interferência no sentido dos caminhos desejados para a política de atendimento à criança e ao adolescente, representando uma oportunidade de verdadeira relação do Estado com os movimentos sociais, oxigenando todo um processo de transformação social.

A construção da política de atendimento dos direitos da criança e do adolescente tem como pressuposto a participação da comunidade, daí a necessidade de municipalização do atendimento. A municipalização do atendimento é decorrente do princípio da descentralização político-administrativa, com vistas a garantir o atendimento à criança e ao adolescente no lugar em que vivem. A experiência histórica brasileira demonstrou que a concentração de recursos públicos nas esferas mais elevadas sempre apresentou alto custo, baixo nível de eficiência, demora no atendimento e, como se não fosse suficiente, ainda dava margem para o desvio de recursos, o clientelismo e a corrupção.

A municipalização do atendimento, que se entende como aliada indispensável à descentralização dos recursos pretende tornar sua aplicação mais segura, facilitando o controle social sobre sua aplicação e ampliando as possibilidades de influência e controle da comunidade local sobre o destino dos recursos e as necessidades efetivas de atendimento à criança e ao adolescente.

A municipalização visa aproximar os níveis de decisão e execução das políticas, de modo que os programas estejam sintonizados com as necessidades das comunidades, permitindo que estas possam fazer o controle das ações e influenciando na consecução de alternativas mais efetivas de atendimento às crianças e aos adolescentes mediante a criação e manutenção dos programas.[38]

A municipalização do atendimento e a respectiva descentralização dos recursos públicos para o atendimento à criança e ao adolescente não seriam suficientes se não houvesse mecanismos específicos de deliberação, controle e monitoramento das políticas de atendimento nos municípios.

Isso se fez necessário diante da desastrosa experiência do sistema da Política Nacional do Bem-Estar do Menor, que não garantia a participação popular, sendo mantido pelo controle centralizado de um pequeno grupo dirigente e, na maioria das vezes, reproduzido nas instâncias locais.

Para resolver essa questão, foram criados os Conselhos dos Direitos da Criança e do Adolescente, como órgãos deliberativos e controladores, nos níveis municipal, estadual e nacional, promovendo a primeira grande alteração nas relações hierárquicas de gestão da política pública de atendimento, pois até então as esferas nacionais e estaduais detinham poder de intervenção nos níveis inferiores, sedimentando o controle hierarquizado das ações.

Com a constituição dos Conselhos de Direitos da Criança e do Adolescente, a relação de subordinação hierárquica nas políticas públicas sofre profunda ruptura, já que os conselhos são autônomos em seus respectivos níveis, estando unicamente submetidos às leis, ou seja, as deliberações e resoluções dos conselhos hierarquicamente superiores não vinculam os conselhos locais, que devem deliberar e resolver de acordo com a sua própria realidade.

---

38 DE LA MORA, Luis. Art. 88. In: CURY, Munir, AMARAL E SILVA, Antônio Fernando, MENDEZ, Emílio Garcia (Coords.) *Estatuto da Criança e do Adolescente Comentado*: comentários jurídicos e sociais. 2. ed. São Paulo: Malheiros, 1996. p. 256.

O caráter deliberativo dos conselhos vincula a administração pública, que deve, necessariamente, atender aos comandos emitidos por essa instância, ocorrendo, portanto, a substituição da arbitrariedade do governante em relação às políticas públicas, devendo agora se restringir à execução das deliberações propostas nos conselhos.

Ao Conselho de Direitos compete deliberar e controlar o conjunto de políticas públicas básicas, dos serviços especializados e de todas as ações governamentais e não governamentais direcionadas para o atendimento da criança e do adolescente. Para Nogueira,[39]

> Os Conselhos de Direitos surgiriam assim como espaços públicos institucionais "pontes", entre a sociedade política e a sociedade civil. O espaço do teste das possibilidades de uma mista democracia representativo-participativa. Aí seriam testados os trabalhos de formação dos *gestores públicos comunitários*. (Conselheiros não governamentais). Aí, estariam eles sendo desafiados para o mister de articulação/integração, com os representantes do Estado-governo: para o trabalho de formulação/normatização geral das políticas públicas, o controle das decorrentes ações governamentais e comunitárias e a mobilização social.

O Conselho de Direitos da Criança e do Adolescente é uma instância realmente inovadora no quadro político-institucional brasileiro, especialmente porque assegura na sua composição a participação da sociedade civil, que escolhe seus representantes em fórum próprio para garantir o controle das políticas públicas.

Isso significa que a política de atendimento aos direitos da criança e do adolescente não é mais produzida e gerada unicamente pelo governante de plantão, mas sim resultado da mediação política entre representantes governamentais – indicados pelo Poder Executivo – e representantes da sociedade civil, eleitos por meio dos Fóruns DCA.

Os Fóruns DCA são constituídos pelas organizações não governamentais, mas também por pessoas da comunidade, que podem su-

---

39 NOGUEIRA, Vanderlino. Papel Político-Jurídico dos Conselhos: Sociedade Civil, Direção e Formação. In: Associação dos Procuradores do Município de Porto Alegre. *Seminário da Criança e do Adolescente*: Indiferença – Derrube este Muro. Porto Alegre: APMPA, 1997. p. 29-30.

gerir, decidir, encaminhar e acompanhar suas demandas e necessidades junto aos seus representantes conselheiros de direitos, como também participar ativamente de todo o processo de consolidação dos direitos da criança e do adolescente.

Assim, os Conselhos de Direitos precisam do apoio da comunidade para a definição de suas ações, tais como a formulação de diagnóstico da situação das crianças e adolescentes, o planejamento das políticas públicas necessárias para efetivação do atendimento de acordo com as diversas necessidades, monitorando e controlando o funcionamento operacional do sistema. Desse modo, o princípio-fim estabelecido pelo direito da criança e do adolescente transfigura-se numa estratégia de empoderamento local.

É nesse contexto que o exercício efetivo das atribuições dos conselhos resguarda a efetivação das políticas públicas, como as previstas no art. 88, III, do Estatuto da Criança e do Adolescente, que reconhece o poder para criação e manutenção de programas específicos, observando a descentralização político-administrativa como "[...] uma técnica administrativa através da qual vários organismos governamentais ou particulares, ainda que sem personalidade, exercem, com independência, funções administrativas, objetivando descongestionar a Administração".[40]

Desse modo, os Conselhos de Direitos assumem a competência para criação de programas específicos, identificados com as realidades locais e capazes de atender as necessidades das populações em suas próprias comunidades. É nessa instância que se faz o diagnóstico da situação de crianças e adolescentes do município, propondo soluções de enfrentamento mediante o oferecimento de uma política de atendimento adequada às necessidades.

---

40 LIBERATI, Wilson Donizeti; CYRINO, Públio Caio Bessa. *Conselhos e Fundos no Estatuto da Criança e do Adolescente*. São Paulo: Malheiros, 1993. p. 55.

CAPÍTULO 9

O Fundo da Infância e da Adolescência

Para viabilizar o complexo conjunto de ações e responsabilidades dos Conselhos de Direitos da Criança e do Adolescente, foi criado, em todos os níveis, o Fundo da Infância e da Adolescência (FIA), vinculado aos respectivos conselhos. A composição do FIA é bastante diversificada, incluindo as multas judiciais previstas no art. 213 do ECA, de Termos de Ajustamento de Conduta propostos pelo Ministério Público, da contribuição decorrente de dedução do imposto de renda de pessoas físicas e jurídicas, conforme o art. 260 (com nova redação determinada pela Lei nº 12.594, de 18 de janeiro de 2012), ou de recursos provenientes de dotação orçamentária ou repasse da União, estados e municípios, de acordo com o art. 261, parágrafo único. As transferências intergovernamentais e os resultados de rentabilidade nas aplicações também podem compor o fundo.

O Conselho de Direitos da Criança e do Adolescente tem a competência para fixar os critérios de utilização dos recursos por meio de planos de aplicação, com a ressalva de que os recursos do FIA não se destinam ao financiamento da política de atendimento, pois o poder público deve garantir os recursos para suas políticas públicas mediante previsão orçamentária, e as organizações não governamentais, mediante seus próprios orçamentos e estratégias de mobilização de recursos.

Além disso, o Conselho de Direitos da Criança e do Adolescente tem as seguintes atribuições em relação ao Fundo da Infância e da Adolescência:

    a) Elaborar o Plano de Ação e o Plano de Aplicação dos recursos do Fundo; este último deverá ser submetido pelo prefeito à apreciação do Poder Legislativo (CF, art. 165, § 5º);

b) Estabelecer os parâmetros técnicos e as diretrizes para aplicação dos recursos;
c) Acompanhar e avaliar a execução, desempenho e resultados financeiros do Fundo;
d) Avaliar e aprovar os balancetes mensais e o balanço anual do Fundo;
e) Solicitar, a qualquer tempo e a seu critério, as informações necessárias ao acompanhamento, ao controle e à avaliação das atividades a cargo do Fundo;
f) Mobilizar os diversos segmentos da sociedade no planejamento, execução e controle das ações do Fundo;
g) Fiscalizar os programas desenvolvidos com os recursos do Fundo.[41]

Os recursos do Fundo da Infância e da Adolescência destinam-se, prioritariamente, ao diagnóstico, planejamento, monitoramento, avaliação das políticas públicas e à capacitação dos operadores do sistema de garantias de direitos, possibilitando ao Conselho de Direitos a realização efetiva de seu papel institucional. Ao Ministério Público cabe determinar a forma de fiscalização da aplicação dos recursos do Fundo, conforme art. 260, § 4º, do Estatuto da Criança e do Adolescente.

Ressalte-se que a destinação de recursos provenientes dos fundos não desobriga os entes federados à previsão, no orçamento dos respectivos órgãos encarregados da execução das políticas públicas de assistência social, educação e saúde, dos recursos necessários à implementação das ações, serviços e programas de atendimento a crianças, adolescentes e famílias, em respeito ao princípio da prioridade absoluta (parágrafo 5º, art. 260 do Estatuto da Criança e do Adolescente, incluído pela Lei nº 12.010, de 3 de agosto de 2009).

A fiscalização e controle conjunto da política de atendimento e da aplicação dos recursos do Fundo da Infância e da Adolescência encontram sentido na medida em que se reconhece o princípio da integração operacional do sistema. Além disso, cabe ao Conselho Municipal dos Direitos da Criança e do Adolescente identificar nas ações governamentais o conjunto de recursos destinados para a política de atenção à criança e ao adolescente, avaliando o grau de prioridade estabelecido na distribuição dos recursos públicos, monitorar a implementação das diretrizes emanadas pelas Conferências de Direitos da Criança e do Adolescente e contribuir na avaliação dos programas de atendimento.

---

41 VIAN, Maurício; MELLO, José Carlos Garcia de; BOEIRA, Carlos. *Orçamento e fundo*: fundo dos direitos da criança e do adolescente. Brasília: Focus, 2002. p. 34.

CAPÍTULO 10

O Conselho Tutelar e a política de proteção

O Estatuto da Criança e do Adolescente estabelece que o Conselho Tutelar é órgão permanente e autônomo, não jurisdicional, encarregado pela sociedade de zelar pelo cumprimento dos direitos da criança e do adolescente (art. 131) e, por isso, representa o mais importante órgão de proteção do sistema de garantias de direitos desses menores. Sua característica inovadora no sistema jurídico brasileiro o coloca no âmbito de profundas controvérsias acerca de sua natureza jurídica,[42] pois se constitui, ao mesmo tempo, como órgão integrante da administração pública municipal, mas integrado por representantes escolhidos pela sociedade civil.

Característica relevante atribuída ao Conselho Tutelar diz respeito ao seu duplo caráter como um órgão permanente. Assim, uma vez criado, por meio de lei municipal, não poderá ser desconstituído. Também será considerado permanente pelo seu aspecto de funcionamento institucional, caracterizando-o como um órgão que funciona ininterruptamente, ou seja, deve sempre oferecer serviços de atendimento imediato, mesmo que em regime de plantão, para que desse modo não se agravem as situações de ameaça ou violação aos direitos de crianças e adolescentes pela indisponibilidade do órgão tutelar.

---

42 Sobre o tema ver: SOUZA, Ismael Francisco de. *A erradicação do trabalho infantil e as responsabilidades do Conselho Tutelar no município de Florianópolis*. 2008. Dissertação (Mestrado em Serviço Social) – Programa de Pós-Graduação em Serviço Social, Universidade Federal de Santa Catarina, Florianópolis, 2008.

Ao Conselho Tutelar foi atribuída a prerrogativa de autonomia, visando garantir plena liberdade para o exercício de suas atribuições institucionais. A autonomia do Conselho Tutelar visa libertá-lo da subordinação hierárquica da estrutura da administração pública. O órgão ao qual se vincula administrativamente o Conselho Tutelar não tem poder de interferência nas suas decisões, pois a vinculação administrativa deve-se restringir tão somente ao oferecimento de infraestrutura para funcionamento, ao pagamento da remuneração dos conselheiros e ao apoio na capacitação dos profissionais. Desse modo, procurou-se garantir a não interferência política e administrativa nas decisões de competência do colegiado do Conselho Tutelar.

Nesse sentido, o Estatuto da Criança e do Adolescente prevê que as decisões do Conselho Tutelar somente poderão ser revistas pela autoridade judiciária a pedido de quem tenha legítimo interesse (art. 137). A garantia da autonomia administrativa em relação aos órgãos do Poder Executivo visa estabelecer que aquelas decisões tomadas pelo Conselho, muitas vezes contra a própria Administração pública, não sejam objeto de alteração sem sua concretização efetiva. Daí o estabelecimento da competência de revisão por parte da autoridade judiciária, para que se garanta o pleno e satisfatório exercício da função.

Quando o Estatuto da Criança e do Adolescente restringe o direito de pedido de revisão da decisão do Conselho Tutelar àquele que tenha legítimo interesse, está se referindo às crianças e adolescentes com direitos ameaçados ou violados, bem como a seus respectivos representantes. Isso implica reconhecer que o órgão do Poder Executivo, quando da negativa de cumprimento de uma decisão do Conselho Tutelar, não terá legitimidade para solicitar tal revisão.

Não se podem confundir as atribuições do Conselho Tutelar com aquelas de caráter jurisdicional, estas exclusivas da autoridade judiciária. É claro que o Conselho Tutelar surge nos processos de reordenamento institucional quando as atribuições de caráter administrativo anteriormente eram realizadas pela autoridade judiciária. No entanto, esse antigo modelo deslocava atribuições estranhas ao sistema de justiça, permitindo a atuação do magistrado na gestão direta de políticas e serviços públicos.

O Estatuto da Criança e do Adolescente corretamente transferiu essas atribuições a um novo órgão, prevendo a criação do Conselho

Tutelar, valorizando assim as prerrogativas jurisdicionais no sistema de justiça, na medida em que se pode garantir a satisfação dos direitos ameaçados ou violados e não atendidos no sistema de políticas de atendimento e promoção.

Nesse caso, o sistema de justiça atua quando os dois sistemas anteriores não realizam a plena garantia dos direitos de crianças e adolescentes. A partir daí, entende-se que diante da ameaça ou violação de direitos deve se garantir um sistema de políticas públicas de atendimento integral à criança e ao adolescente pela rede de atendimento. Quando essa rede de atendimento apresentar oferta insuficiente ou não oferecer os serviços em quantidade e qualidade necessárias, abre-se a prerrogativa de atuação do sistema de proteção por meio da ação do Conselho Tutelar.

Se, ainda assim, o Conselho Tutelar não garantir as medidas de proteção suficientes para a reconstituição dos direitos ameaçados ou violados, resta a possibilidade de buscar sua efetivação no sistema de justiça.

Situação absolutamente perniciosa diz respeito à prática de judicialização da política, ou seja, abandona-se a preocupação com a resolutividade no sistema de políticas públicas de atendimento e proteção e se transfere tão somente ao sistema de justiça a responsabilidade pela concretização dos direitos violados ou ameaçados, assoberbando o Poder Judiciário com ações que poderiam ser evitadas se resolvidas nas respectivas esferas de atuação na rede de atendimento e de proteção aos direitos de crianças e adolescentes.

A finalidade essencial do Conselho Tutelar é zelar pelo cumprimento integral dos direitos da criança e do adolescente, atuando de forma incessante contra todas as formas de violações ou ameaças aos direitos humanos.

O ato de constituição do Conselho Tutelar se faz por meio de lei municipal aprovada pelo Poder Legislativo e sancionada pelo Executivo, que deverá prever seu local, dias e horários de funcionamento (art. 134). Isso porque, em razão da característica da autonomia do Conselho, este estará submetido tão somente às determinações legais expressas, não cabendo ao controle administrativo do executivo, ou ao órgão ao qual estará vinculado, o estabelecimento de disposições nesse sentido.

É claro que diante do descumprimento das atribuições relativas aos dias e horários de funcionamento caberá representação junto ao

Conselho Municipal dos Direitos da Criança e do Adolescente, para que tome providências no sentido de instaurar inquérito administrativo para apuração decorrente do descumprimento de atribuição legal do Conselho Tutelar, garantindo-se, evidentemente, o direito ao contraditório e à ampla defesa.

No tocante ao funcionamento permanente do Conselho Tutelar, especialmente em relação às escalas de trabalho dos conselheiros e plantões de atendimento, poderá o próprio colegiado do Conselho definir a melhor forma de atuação, comunicando-se a partir daí os demais órgãos, tais como Ministério Público, autoridade judiciária, rede de atendimento, para que, necessitando dos serviços, tenham condições de acionar rapidamente o Conselho e garantir o atendimento eficaz e imediato.

A lei municipal deve prever a forma de remuneração dos conselheiros tutelares (art. 134). Embora a redação original do texto estatutário considere a eventualidade dessa remuneração, deve-se atentar para a necessidade prioritária de dedicação integral dos conselheiros tutelares à função. A experiência mostra que a atuação dos conselheiros tutelares, com amplo rol de atribuições, requer exaustivo trabalho e, por isso, seria fulminar a atuação do Conselho Tutelar ao não se preverem os recursos necessários para o exercício da função com condições de trabalho e remuneração dignas.

O conselheiro tutelar exerce função considerada de caráter público relevante (art. 135) e, para tal, torna-se indispensável uma remuneração digna, inclusive com a previsão expressa de direitos sociais, tais como férias, horas extraordinárias, especialmente para os casos de plantão, décimo terceiro salário, inclusão e assistência previdenciárias, além de outros garantidos aos demais integrantes da Administração pública.

O reconhecimento da função de conselheiro tutelar como serviço público relevante garante a presunção de idoneidade moral, bem como direito de prisão especial em caso de crime comum até julgamento definitivo (art. 135).

O Estatuto da Criança e do Adolescente exige a criação de pelo menos um Conselho Tutelar para cada município, sendo composto por cinco membros (art. 132), e a lei orçamentária municipal deverá prever os recursos necessários e suficientes para o funcionamento regular do órgão (art. 132, parágrafo único).

Não há especificação legal sobre o número de Conselhos Tutelares a serem criados em cada município. No entanto, em decorrência da demanda de serviços e da relevância de suas atribuições, recomenda-se pelo menos um Conselho Tutelar para cada duzentos mil habitantes.

Não se confunde a jurisdição das comarcas com a área de atuação dos Conselhos Tutelares, pois esta deve ser definida no âmbito municipal, enquanto as comarcas são definidas de acordo com as leis de organização judiciária de cada estado, condição decorrente da concretização dos princípios da autonomia e desjurisdicionalização.

Na redação original do Estatuto da Criança e do Adolescente, havia a previsão de eleição para os membros do Conselho Tutelar. Posteriormente, a expressão "eleição" foi substituída por "escolha". Assim, os membros do Conselho Tutelar serão escolhidos pela comunidade local para um mandato de três anos, permitindo-se uma recondução ao cargo (art. 132).

O processo de escolha será estabelecido em lei municipal e realizado sob responsabilidade do Conselho Municipal dos Direitos da Criança e do Adolescente, que poderá prever na resolução disciplinadora sobre o tema a realização de provas ou exames, etapa com votação direta facultativa pelos eleitores do município ou indicação no Fórum DCA, bem como a realização de cursos de capacitação, antes ou após a escolha.

Nesse sentido, observa-se ampla discricionariedade do conselho municipal na definição das regras para escolha, desde que respeitadas as condições previamente estabelecidas em lei. O processo de escolha dos conselheiros tutelares deverá contar com a fiscalização indispensável do representante do Ministério Público (art. 139).

A candidatura à função de conselheiro tutelar requer pelo menos reconhecida idoneidade moral, idade superior a vinte e um anos e residência no município onde disputa o cargo (art. 133). Note-se que o requisito exigido trata-se de residência, e não domicílio, portanto, basta que o candidato mantenha vínculo com o município, mas não se torna indispensável que tenha ânimo definitivo de ali permanecer. Seria recomendável nesse aspecto a exigência domiciliar, uma vez que o exercício da função necessita de forte vínculo e atuação comunitária. Nesse caso, a lei municipal disciplinadora poderá incluir entre os requisitos para a candidatura a exigência de domicílio.

Outro aspecto controverso diz respeito à incidência do Novo Código Civil, Lei nº 10.406, de 10 de janeiro de 2002, que estabeleceu a capacidade jurídica plena aos dezoito anos de idade. No entanto, face à especialidade do Estatuto da Criança e do Adolescente, as alterações da nova lei não afetam o limite de idade mínima para candidatura ao Conselho Tutelar, que permanece aos vinte e um anos.

Para a candidatura ao Conselho Tutelar, o Estatuto da Criança e do Adolescente estabelece alguns impedimentos para o exercício da função neste Conselho, tais como membros marido e mulher, ascendentes e descendentes, sogro e genro ou nora, irmãos, cunhados, durante o cunhadio, tio e sobrinho, padrasto ou madrasta e enteado (art. 140). Lamentavelmente, não houve previsão estatutária para o impedimento de candidatura daqueles que tenham vínculos com titulares de cargos eletivos da administração pública.

No entanto, seria recomendável que as próprias leis municipais estabelecessem impedimentos complementares visando atender os pressupostos básicos de moralidade administrativa. Por outro lado, o Estatuto estende o impedimento de candidatura ao conselheiro tutelar nas mesmas relações com a autoridade judiciária e ao representante do Ministério Público com atuação na Justiça da Infância e da Juventude, desde que em exercício na mesma comarca, foro regional ou distrital (art. 140, parágrafo único).

O Conselho Tutelar constitui-se em órgão com atribuições legais específicas e determinadas. Não se trata apenas de atuação em qualquer sentido para defender os direitos fundamentais de crianças e adolescentes. Acima de tudo, deve zelar para que esses direitos não sejam ameaçados ou violados. Como é regido por normas de direito público, tem a obrigação jurídica de atuar sempre de acordo com as respectivas atribuições legais previstas no Estatuto da Criança e do Adolescente.

O art. 136 do Estatuto da Criança e do Adolescente estabelece como atribuições do Conselho Tutelar:

> I – atender as crianças e adolescentes nas hipóteses previstas nos arts. 98 e 105, aplicando as medidas previstas no art. 101, I a VII;
> II – atender e aconselhar os pais ou responsável, aplicando as medidas previstas no art. 129, I a VII;
> III – promover a execução de suas decisões, podendo para tanto:

a) requisitar serviços públicos nas áreas de saúde, educação, serviço social, previdência, trabalho e segurança;
b) representar junto à autoridade judiciária nos casos de descumprimento injustificado de suas deliberações.

IV – encaminhar ao Ministério Público notícia de fato que constitua infração administrativa ou penal contra os direitos da criança ou adolescente;
V – encaminhar à autoridade judiciária os casos de sua competência;
VI – providenciar a medida estabelecida pela autoridade judiciária, dentre as previstas no art. 101, de I a VI, para o adolescente autor de ato infracional;
VII – expedir notificações;
VIII – requisitar certidões de nascimento e de óbito de criança ou adolescente quando necessário;
IX – assessorar o Poder Executivo local na elaboração da proposta orçamentária para planos e programas de atendimento dos direitos da criança e do adolescente;
X – representar, em nome da pessoa e da família, contra a violação dos direitos previstos no art. 220, § 3º, inciso II, da Constituição Federal;
XI – representar ao Ministério Público, para efeito das ações de perda ou suspensão do pátrio poder.

O exercício das referidas atribuições coloca o Conselho Tutelar em lugar próprio no sistema de garantias de direitos, caracterizando-o como órgão específico e responsável, primordialmente, pelas políticas de proteção aos direitos da criança e do adolescente. Isso implica reconhecer que a concretização dos direitos referidos não se restringe apenas à atuação do Conselho Tutelar, mas se complementa com as funções inerentes à família, à sociedade e ao Estado, com a atuação dos Conselhos de Direitos da Criança e do Adolescente e do sistema de justiça.

Ao se tratar do atendimento de crianças e adolescentes pelo Conselho Tutelar, é preciso salientar que este se restringe ao primeiro atendimento, com vistas à posterior aplicação de medidas de proteção.

Não deve, nesse caso, o Conselho Tutelar substituir o atendimento por meio de serviços especializados de qualquer rede de políticas públicas, tais como de saúde, educação, assistência social e outras. Isso porque não cabe ao Conselho Tutelar fazer o atendimento técnico especializado, mesmo nos casos em que os próprios conselheiros tenham formação na área específica.

Atualmente, parece bastante óbvio compreender que o conselheiro tutelar não deve fazer atendimento médico de crianças e adolescentes, mas quando se desloca para áreas especializadas como educação, assistência social e psicologia, esse atendimento torna-se um tanto mais complicado.

Lamentavelmente, em muitos municípios ainda persiste uma cultura de que nessas áreas o Conselho Tutelar deveria fazer o atendimento especializado. Há casos nesse sentido ainda mais graves, tais como as situações em que o próprio Conselho Municipal dos Direitos da Criança e do Adolescente tende a pressionar o Conselho Tutelar a assumir o atendimento especializado, função absolutamente incompatível com as previsões legais.

A ocorrência de casos como esses prejudica o adequado funcionamento do sistema de garantias de direitos da criança e do adolescente. Isso porque as políticas de atendimento, que precisam incluir os serviços de atendimento especializado, devem dar conta de atender os casos encaminhados pelo Conselho Tutelar.

Não é possível acreditar que um órgão constituído por apenas cinco membros poderia dar conta das funções de atendimento especializado à criança e ao adolescente. Não é da natureza jurídica do Conselho Tutelar exercer esse tipo de atribuição, até porque o atendimento integral à criança e ao adolescente, conforme preconiza o direito da criança e do adolescente, requer uma rede complexa de atendimento constituída por meio de políticas públicas. Para compreender a real atribuição de atendimento do Conselho Tutelar, é necessário primeiro estabelecer seu pressuposto de atuação, que se constitui sempre que os direitos de crianças e adolescentes forem ameaçados ou violados pela ação ou omissão da sociedade ou do Estado; por falta, omissão ou abuso dos pais ou responsável, ou, ainda, em razão da própria conduta da criança e do adolescente (art. 98).

Uma vez caracterizado um dos pressupostos de atuação do Conselho Tutelar, cria-se a responsabilidade legal para a aplicação das medidas de proteção à criança e ao adolescente. Essas medidas também serão aplicadas nos casos de ato infracional cometido por criança (art. 105)

Portanto, o atendimento de crianças e adolescentes que o Conselho Tutelar realiza, nos moldes do art. 136, I, é o atendimento dos casos de ameaça ou violação de direitos e das situações de ato infracional cometido por criança, com a aplicação das correspondentes medidas de proteção.

As medidas específicas de proteção são previstas no Estatuto da Criança e do Adolescente nos seguintes termos:

Art. 101. Verificada qualquer das hipóteses previstas no art. 98, a autoridade competente poderá determinar, dentre outras, as seguintes medidas:
I – encaminhamento aos pais ou responsável, mediante termo de responsabilidade;
II – orientação, apoio e acompanhamento temporários;
III – matrícula e frequência obrigatórias em estabelecimento oficial de ensino fundamental;
IV – inclusão em programa comunitário ou oficial de auxílio à família, à criança e ao adolescente;
V – requisição de tratamento médico, psicológico ou psiquiátrico, em regime hospitalar ou ambulatorial;
VI – inclusão em programa oficial ou comunitário de auxílio, orientação e tratamento a alcoólatras e toxicômanos;
VII – abrigo em entidade;
VIII – colocação em família substituta.

O direito da criança e do adolescente, com base em seus princípios constitucionais, recomenda múltiplas responsabilidades decorrentes da ameaça ou violação de direitos. Por isso, além das medidas específicas de proteção aplicáveis à criança e ao adolescente, o Conselho Tutelar poderá aplicar também medidas aos pais ou responsáveis.

A aplicação de medidas de proteção à criança e ao adolescente deve ser acompanhada da orientação aos pais ou responsáveis mediante o esclarecimento dos efeitos da medida, sua finalidade, bem como as consequências jurídicas em caso de descumprimento.

Em muitos casos, a aplicação de medida de proteção restrita à criança e ao adolescente pode se mostrar insuficiente para a resolução do caso concreto. Daí a necessidade de aplicação de medidas aos pais ou responsáveis, acompanhadas da devida orientação e aconselhamento que o Conselho Tutelar deve fazer mediante o devido atendimento (art. 136, II).

É preciso acentuar que a aplicação das medidas de proteção, que inclui as medidas aos pais ou responsáveis, não implica instrumento sancionatório, quer sobre crianças e adolescentes ou sobre suas famílias; são medidas essencialmente de proteção e amparo que visam obstaculizar a ameaça ou violação dos direitos, no sentido de promover os sujeitos que enfrentam situações particularmente difíceis.

O Estatuto da Criança e do Adolescente prevê como aplicáveis aos pais ou responsável as seguintes medidas, previstas no art. 129, I a VII:

Art. 129. São medidas aplicáveis aos pais ou responsável:

I – encaminhamento a programa oficial ou comunitário de proteção à família;

II – inclusão em programa oficial ou comunitário de auxílio, orientação e tratamento a alcoólatras e toxicômanos;

III – encaminhamento a tratamento psicológico ou psiquiátrico;

IV – encaminhamento a cursos ou programas de orientação;

V – obrigação de matricular o filho ou pupilo e acompanhar sua frequência e aproveitamento escolar;

VI – obrigação de encaminhar a criança ou adolescente a tratamento especializado;

VII – advertência.

Deve-se ter atenção no rol de medidas previstas no art. 129, pois nem todas são aplicáveis pelo Conselho Tutelar, que deve restringir-se à aplicação das medidas previstas nos incisos I a VII acima transcritos. Já as medidas contempladas no art. 129, VIII, IX e X, que preveem respectivamente a perda de guarda, a destituição da tutela e a suspensão ou a destituição do poder familiar, exigem procedimento judicial específico para sua devida aplicação.

Os atos do Conselho Tutelar não dependem de autorização de qualquer outro órgão judicial ou extrajudicial para sua concretização. Essa condição decorre do próprio princípio da autonomia do Conselho Tutelar estabelecido em lei. Por isso, o Estatuto da Criança e do Adolescente concedeu o poder ao Conselho Tutelar para promover a execução de suas decisões (art. 136, III).

Quando o Conselho Tutelar observar que a ameaça ou violação dos direitos de crianças e adolescentes decorre da omissão ou da oferta insuficiente de serviços públicos de atendimento, ou ainda, que a aplicação das medidas de proteção à criança, ao adolescente, aos pais ou responsáveis não poderá efetivar-se plenamente, deverá formular requisição de serviço aos agentes da Administração pública exigindo a oferta dos serviços correspondentes.

A requisição de serviço público é um poderoso instrumento de ação do Conselho Tutelar, por seu caráter de cumprimento obrigatório pela Administração pública, e somente poderá sofrer revisão judicial a pedido de quem tenha legítimo interesse (art. 137).

O fato de o Conselho Tutelar ter o poder de requisitar serviços públicos não deve transformá-lo em porta de entrada para os serviços de atendimento. A rede de atendimento integral à criança e ao adolescente no município deve estabelecer estratégias de acesso e atenção direta da população aos seus serviços, restando a atuação do Conselho Tutelar somente nos casos em que o serviço não seja oferecido, sua oferta seja insuficiente ou inadequada.

Quando o art. 136, III, "a" prevê a requisição de serviços públicos nas áreas de saúde, educação, serviço social, previdência, trabalho e segurança, deve-se entender que essa lista tem caráter meramente exemplificativo, não obstaculizando que sejam requisitados quaisquer outros serviços públicos indispensáveis ao atendimento da criança e do adolescente.

Para garantir a efetiva atuação do Conselho Tutelar, o Estatuto da Criança e do Adolescente previu o direito de representação junto à autoridade judiciária nos casos de descumprimento injustificado das suas deliberações (art. 136, III, "b"). Essa condição inclui as próprias requisições de serviço público, por óbvio, além do descumprimento de outras deliberações inerentes as suas atribuições, que uma vez descumpridas ensejam a obrigação de o Conselho Tutelar realizar a devida representação judicial.

No entanto, a representação requer a ausência de justificativa para o descumprimento, ou ainda que os motivos apresentados não sejam suficientemente fortes para ensejar a representação para responsabilização judicial. Cabe ao colegiado do Conselho Tutelar deliberar sobre a conveniência da representação, mas atentando sempre ao fato de que é indispensável a garantia de medidas suficientes para sanar a ameaça ou violação dos direitos de crianças e adolescentes.

De igual modo, a representação responsabilizadora torna-se insuficiente quando a medida objeto do descumprimento não tenha sido decorrente de deliberação do órgão colegiado do Conselho Tutelar. Não há valor jurídico algum na medida estabelecida individualmente pelo conselheiro tutelar, sem que seja aprovada ou referendada pelo colegiado.

Evidentemente que, excepcionalmente, em situações de urgência, visando evitar danos maiores, poderá o conselheiro tutelar individualmente aplicar as medidas de proteção e, inclusive, requisitar serviços públicos, mas a decisão precisa ser referendada em curto espaço de tempo pelo órgão colegiado, ou ao menos pela maioria de seus membros, se o regimento interno do Conselho Tutelar permitir.

As relações entre Conselho Tutelar e Ministério Público são muito próximas no sistema de garantias de direitos da criança e do adolescente. Embora as instituições tenham responsabilidades específicas na proteção dos direitos de crianças e adolescentes, suas atribuições não se confundem. De igual modo, em respeito ao princípio da autonomia institucional, não há relação hierárquica entre os órgãos, ou seja, relacionam-se horizontalmente no sistema de garantias.

Cabe ao Conselho Tutelar encaminhar ao Ministério Público notícia de fato que constitua infração administrativa ou penal contra os direitos da criança e do adolescente (art. 136, IV). Evidentemente que até mesmo o particular pode fazer o mesmo tipo de encaminhamento ao órgão ministerial.

No entanto, o Estatuto da Criança e do Adolescente previu como atribuição específica do Conselho Tutelar o encaminhamento de tais fatos, visando garantir a efetiva comunicação, pois, uma vez tendo notícia desses fatos e não realizando o devido encaminhamento, assumem responsabilidade por omissão tanto o Conselho Tutelar como seus respectivos membros.

As infrações administrativas ou penais às quais se refere o dispositivo supracitado são aquelas descritas no Título VII, arts. 228 ao 258 do Estatuto da Criança e do Adolescente. Não se trata, portanto, apenas das infrações cometidas contra a criança e o adolescente previstas na legislação penal, mas, além disso, refere-se a um aspecto muito mais amplo, pois se abrangem todas as infrações contra os direitos fundamentais da criança e do adolescente.

Quando o Conselho Tutelar observar que as medidas de proteção e aquelas aplicáveis aos pais ou responsáveis se demonstram insuficientes, seja pelo seu descumprimento, pela desídia ou pela manutenção da omissão em relação à proteção integral devida à criança e ao adolescente, deve representar ao Ministério Público para efeito de ação judicial para perda ou suspensão do poder familiar (art. 136, XI).

Note-se que a perda ou suspensão do poder familiar são medidas excepcionais e transitórias como forma de colocação em família substituta. Não têm caráter sancionatório e só devem merecer atenção quando esgotados todos os recursos da política de atendimento e proteção aos direitos da criança e do adolescente. Evidentemente que o pedido ministerial considerará todos os elementos materiais e processuais visando garantir o pleno direito à convivência familiar e comunitária.

Cabe ao Conselho Tutelar encaminhar à autoridade judiciária os casos de sua competência (art. 136, V) e também providenciar medida de proteção quando estabelecida pela autoridade judiciária nos casos de ato infracional (art. 136, VI).

Poderá o Conselho Tutelar, para o exercício das suas atribuições, expedir notificações (art. 136, VII) como nos casos previstos de suspeita ou confirmação de maus-tratos contra a criança ou adolescente (art. 13), ou ainda quanto às notificações emitidas por dirigentes de estabelecimentos de ensino fundamental envolvendo maus-tratos, reiteração de faltas injustificadas e evasão escolar, quando esgotados os recursos escolares, e nos casos de elevados níveis de repetência (art. 56). Nesses casos, deverá providenciar, requisitando se necessário, os serviços para prevenir ou reparar a violação de direitos junto à rede de atendimento.

Quando necessário, o Conselho Tutelar poderá requisitar certidões de nascimento e de óbito de criança ou adolescente, que dispõem da gratuidade (art. 136, VIII). Deve-se lembrar que o Conselho pode apenas requisitar as certidões, uma vez que o registro depende de procedimento judicial específico.

Como uma de suas funções primordiais, o Conselho Tutelar tem o papel de assessorar o Poder Executivo local na elaboração da proposta orçamentária para plano e programas de atendimento aos direitos da criança e do adolescente (art. 136, IX). Assim, poderá garantir que os casos que chegam ao Conselho por falta de previsão orçamentária ou por oferta insuficiente de atendimento não se reproduzam ao longo das administrações municipais. Trata-se de medida decorrente do próprio princípio da integração operacional do sistema.

Além disso, o Conselho Tutelar tem competência para representar contra os meios de comunicação, em nome da pessoa e da família, nos casos de violação dos direitos da criança e do adolescente por esses meios (art. 136, X), sendo, nesse caso, a Justiça da Infância e da Juventude competente para conhecer o caso e aplicar as medidas cabíveis (art. 148, VII).

O Conselho Tutelar tem ainda a atribuição de fiscalizar e apurar irregularidades em entidades não governamentais e programas de atendimento, em especial quanto às entidades, previstas no art. 90 do Estatuto da Criança e do Adolescente, que desenvolvem programas de orientação e apoio sociofamiliar, apoio socioeducativo em meio aberto, de colocação familiar, abrigo, liberdade assistida, semiliberdade e internação.

Por fim, resta destacar a necessidade de atuação integrada do Conselho Tutelar com as demais instituições do sistema de garantias de direitos da criança e do adolescente, sempre com a finalidade precípua de garantir a concretização de direitos inspirada nos princípios da teoria da proteção integral.

CAPÍTULO 11

A integração operacional do sistema

A integração operacional do sistema de garantias dos direitos da criança e do adolescente talvez seja a diretriz mais desafiadora proposta pelo Estatuto da Criança e do Adolescente. Embora o art. 88, V, vincule a integração operacional para efeitos de agilização do atendimento ao adolescente a quem se atribua autoria de ato infracional, não se pode desconsiderar sua importância para efeito de agilização das demais políticas públicas. É, sem dúvida, a ação integrada das organizações governamentais e não governamentais, do Poder Judiciário, do Ministério Público, dos Conselhos de Direitos e dos Conselhos Tutelares o elemento fundamental para o controle e ação de toda política de atendimento aos direitos da criança e do adolescente.

Essa integração evita ações fragmentadas, sobreposição de ações e possibilita a otimização dos recursos e o fortalecimento das ações em rede, garantindo maior efetividade aos direitos da criança e do adolescente. No entanto, para que se concretizem os direitos fundamentais das crianças e dos adolescentes são necessárias real mobilização e participação da sociedade.

No entanto, os Conselhos de Direitos da Criança e do Adolescente, como instância inovadora no quadro jurídico institucional brasileiro, enfrentam ainda diversos obstáculos. PIRES[43] observou que:

---

43 PIRES, João Teixeira. *Projeto de Fortalecimento de Conselhos Municipais do Direito da Criança e do Adolescente:* Um projeto de pesquisa-ação focado no exercício da cidadania em alianças estratégicas intersetoriais para atuação social, envolvendo instituições relacionadas à consolidação dos direitos das crianças

- Há uma sobreposição no caráter deliberativo do CMDCA em relação ao poder executivo municipal; da mesma forma que há também com relação ao caráter de formulação de políticas públicas em relação a Câmara Municipal;
- Não existem critérios claros para a escolha dos conselheiros, sendo esta uma situação que varia para cada município;
- Não existe uma homogeneização de conhecimento do sistema jurídico relativo à criança e ao adolescente por parte dos conselheiros, acarretando uma não implementação do Estatuto da Criança e do Adolescente;
- Não é ação comum dos conselhos realizarem um diagnóstico de necessidades e prioridades do município, no que se refere à situação da criança e do adolescente, de maneira a nortear as ações do CMDCA; neste caso a defesa de interesses pessoais ou classistas se torna constante;
- A troca de membros do conselho conforme o estatuto, muitas vezes acarreta a descontinuidade das ações; da mesma maneira a sucessão de prefeitos que podem definir novas diretrizes de ação das políticas públicas para o município.

A superação dos obstáculos apontados exige efetiva mobilização da opinião pública e participação da sociedade civil na discussão sobre o necessário papel institucional do Conselho de Direitos e, especialmente, dos conselheiros, pois a sua legitimidade deve estar amparada pelo compromisso com a realização dos direitos da criança e do adolescente.

Por outro lado, a promoção dos direitos da criança e do adolescente, com a sensibilização das próprias crianças e adolescentes, das famílias e das comunidades, pode operar um papel importante na construção de um processo democrático de controle social e, além disso, de todo um significado positivo em torno da infância, superando os valores tradicionais que atribuem à infância uma conotação negativa, que, na maioria das vezes, se presta à legitimação de múltiplas condições de exclusão, tais como a violência e a exploração.

e adolescentes, através dos princípios da democracia participativa. Disponível em: <http//:www.risolidaria.org.br/docs;ficheros/200407290007_87_0. pdf>. Acesso em: 1º maio 2006. p. 7-8.

Construir uma política pública de caráter efetivamente participativo, que considere os próprios desejos e necessidades de crianças e adolescentes, valorizando-os como sujeitos de direitos e cidadãos, implica ruptura com a tradição autoritária sempre presente no sistema político brasileiro.

Sob essa perspectiva, ocorreu o reordenamento institucional, quando o Estatuto da Criança e do Adolescente conferiu autonomia para entidades de atendimento manterem suas próprias unidades, planejarem e executarem seus programas de proteção e socioeducativos (art. 90).

Para um controle efetivo da política de atendimento, o Estatuto da Criança e do Adolescente exige que as entidades governamentais e não governamentais inscrevam seus programas junto ao Conselho Municipal dos Direitos da Criança e do Adolescente, que comunicará ao Conselho Tutelar e à autoridade judiciária (art. 90, § 1º).

Os Conselhos de Direitos têm a responsabilidade de controle sobre as ações institucionais promovidas em relação ao universo da infância, pois cabe também ao conselho assegurar que as ações institucionais estejam de acordo com os padrões normativos estabelecidos. Nesse sentido, o registro dos programas não se reduz ao ato meramente formal, pois implica uma avaliação qualitativa de toda a política municipal dos direitos da criança e do adolescente.

Do mesmo modo, as entidades não governamentais que prestam atendimento direto para crianças e adolescentes precisam do registro no Conselho Municipal dos Direitos da Criança e do Adolescente para funcionar, conforme dispõe o art. 91 do Estatuto da Criança e do Adolescente. Já a fiscalização das entidades governamentais é atribuição conjunta do Conselho Tutelar, do Ministério Público e do Poder Judiciário.

A fiscalização das entidades não implica vigilância permanente, mas a garantia de qualidade de atendimento e no cumprimento das determinações legais previstas no Estatuto da Criança e do Adolescente. Portanto, o critério para a fiscalização das entidades é o da estrita legalidade, visando preservar a autonomia das organizações não governamentais, que não podem estar sob o arbítrio do poder público.

Nesse contexto, o direito da criança e do adolescente assume a responsabilidade de agente regulador das complexas relações estabelecidas entre a rede de atendimento à criança e ao adolescente comprometido com a universalização e qualidade dos serviços públicos oferecidos à população.

CAPÍTULO 12

O acesso à justiça

Como já se anotou, o direito da criança e do adolescente trouxe verdadeiro reordenamento institucional no sistema de justiça brasileiro, pois além das mudanças de conteúdo, método e gestão das políticas públicas para a infância e adolescência, estabeleceu uma política de justiça com a finalidade de garantir a efetivação dos direitos fundamentais. A desjudicialização das práticas de caráter administrativo, instituídas agora como atribuições do Conselho Tutelar, que deve agir nos casos de ameaça ou violação de direitos aplicando as respectivas medidas de proteção, pretende orientar o sistema de justiça da infância e da adolescência para suas atribuições primordiais, quais sejam: a prestação da tutela jurisdicional para solução de conflitos e a concretização dos direitos fundamentais estabelecidos na Constituição da República Federativa do Brasil e disciplinados no Estatuto da Criança e do Adolescente.
Sobre esse aspecto, PEREIRA[44] assinala:

> [...] objetivou a ordem jurídica retirar da esfera de atribuições dos juízes e tribunais a função de dar proteção e amparo às crianças e adolescentes, no âmbito da pura administração de seus interesses, só mantendo na competência daqueles a solução de conflitos em que tais sujeitos de direito sejam partes. Em outras palavras, restringiu o âmbito de atuação

---

44 PEREIRA, Elisabeth Maria Velasco. O Conselho Tutelar como expressão de cidadania: sua natureza jurídica e a apreciação de suas decisões pelo Poder Judiciário. In: PEREIRA, Tânia da Silva. *O melhor interesse da criança*: um debate interdisciplinar. Rio de Janeiro: Renovar, 2000. p. 570.

dos juízes, nessa importante matéria, à sua função própria e específica: a função jurisdicional, conceituada como aquela destinada à aplicação da lei a um conflito de interesses, acrescida, convém que se diga, da função jurisdicional anômala, denominada jurisdição voluntária.

Nesse contexto, o desafio da política de justiça no processo de reordenamento institucional é resguardar os direitos fundamentais da criança e do adolescente sempre que a família, a sociedade e o Estado, por ação ou omissão, ameaçarem ou violarem o rol de direitos infanto-juvenis e o sistema de proteção não atuar imediatamente. De acordo com Sêda,[45] o reordenamento institucional está assentado em dois princípios básicos:

> 1) o da participação – pelo qual o cidadão tem em suas mãos o poder *constitucional* de cobrar, pela via administrativa ou pela via judicial, que as políticas públicas cumpram com o seu dever;
> 2) o da exigibilidade – pela qual essa cobrança, por essas duas vias, torna exigível que a autoridade em situação irregular (peticionada por um cidadão ou uma entidade representativa; requisitada pelo Conselho Tutelar ou sentenciada pela autoridade judiciária) corrija o rumo dessa política, seja pela via do *caso a caso*, seja através de medidas de ordem geral que alterem o rumo subsequente da política falha ou inexistente.

A política de justiça cumpre o papel integrador entre as instâncias e os órgãos operadores do sistema de garantias de direitos, cujo centro pulsante está estabelecido no Título VI do Estatuto da Criança e do Adolescente, que estabelece a garantia de acesso à justiça, a nova estrutura da Justiça da Infância e da Juventude, os procedimentos específicos da matéria, as atribuições, os limites e as competências dos órgãos e agentes do sistema de justiça e os mecanismos de proteção judicial dos interesses individuais, difusos e coletivos.

---

45 SÊDA, Edson. Art. 88. In: CURY, Munir; AMARAL E SILVA, Antônio Fernando; MENDEZ, Emílio Garcia (Coords.). *Estatuto da Criança e do Adolescente Comentado*: comentários jurídicos e sociais. 2. ed. São Paulo: Malheiros, 1996. p. 251.

O Estatuto garante o acesso de toda criança ou adolescente à Defensoria Pública, ao Ministério Público[46] e ao Poder Judiciário, por qualquer de seus órgãos (art. 141), e determina que a assistência judiciária gratuita será prestada aos que dela necessitarem, por meio de defensor público ou advogado nomeado (art. 141, § 1º). As ações judiciais da competência da Justiça da Infância e da Juventude são isentas de custas e emolumentos, ressalvada a hipótese de litigância de má-fé (art. 141, § 2º).

O acesso à justiça no Estado Democrático de Direito consubstancia, antes de tudo, o acesso a uma ordem jurídica justa, que declara e resguarda os direitos fundamentais garantindo um efetivo exercício da cidadania.[47]

 O acesso à justiça é, pois, a ideia central a que converge toda a oferta constitucional e legal desses princípios e garantias. Assim, (a) oferece-se a mais ampla *admissão de pessoas e causas* ao processo (universalidade de jurisdição), depois (b) garante-se a todas elas (no nível civil e no criminal) a observância das regras que consubstanciam o *devido processo legal*, para que (c) possam participar intensamente da formação do convencimento do juiz que irá julgar a causa (princípio do contraditório), podendo exigir dele a (d) efetividade de uma *participação em diálogo* –, tudo isso com vistas a preparar uma solução que seja justa, seja capaz de eliminar todo resíduo de insatisfação. Eis a dinâmica dos princípios e garantias do processo, na sua interação teleológica apontada para a *pacificação com justiça*.[48]

O Estatuto da Criança e do Adolescente, inspirado pelos princípios fundamentais da moderna teoria do acesso à justiça, estabeleceu no

---

46 Sobre o tema ver: TEIXEIRA, Alisson Xavier; CUSTÓDIO, André Viana. A atuação do Ministério Público na proteção dos interesses da criança e do adolescente. In: Seminário Internacional Direitos Humanos, Violência e Pobreza: A Situação de Crianças e Adolescentes na América Latina Hoje, 2., 2008, Rio de Janeiro. *Anais...* Rio de Janeiro: UERJ, 2008.

47 VERONESE, Josiane Rose Petry. *Interesses Difusos e Direitos da Criança e do Adolescente*. Belo Horizonte: Del Rey, 1997. p. 40.

48 CINTRA, Antonio Carlos de Araújo; GRINOVER, Ada Pellegrini; DINAMARCO, Cândido R. *Teoria Geral do Processo*. 13. ed. São Paulo: Malheiros, 1997. p. 34.

art. 141 o mais amplo acesso à justiça para toda criança ou adolescente, o que inclui a oferta adequada dos serviços de Defensoria Pública, do Ministério Público e do Poder Judiciário. O referido dispositivo visa garantir a efetivação concreta dos princípios e normas do direito da criança e do adolescente e a materialização da doutrina da proteção integral.

O Estatuto da Criança e do Adolescente, ao servir-se da expressão acesso "ao Poder Judiciário, por qualquer de seus órgãos", não se limitou ao acesso à Justiça da Infância e da Juventude, enquanto vara especializada, mas se estendeu a todos os órgãos jurisdicionais, os quais estão elencados no art. 92 da Constituição Federal.

A previsão da Defensoria Pública como órgão integrante do sistema de justiça foi um dos avanços previstos na Constituição Federal de 1988 e, no mesmo sentido, o Estatuto da Criança e do Adolescente, em seu art. 141, § 1º, amparou a diretriz maior. Embora o dispositivo contemple a prática da defensoria dativa, por meio do advogado nomeado, sabe-se que a qualidade necessária para a assistência judiciária se faz por meio da Defensoria Pública.

No Brasil, o estado do Rio de Janeiro já possui Defensoria Pública desde 1954, mas a maior parte dos estados brasileiros constituiu seu órgão somente após a Constituição, e até mesmo a Lei Orgânica Nacional da Defensoria Pública foi aprovada recentemente, por meio da Lei Complementar nº 80, de 12 de janeiro de 1994.

A Defensoria Pública é instituição essencial à função jurisdicional do Estado, responsável pela orientação jurídica e defesa, em todos os graus, dos necessitados, nos termos do art. 134 da Constituição Federal, tendo conquistado autonomia funcional e administrativa por força da Emenda Constitucional nº 45, de 30 de dezembro de 2004, que alterou o art. 134 em seus parágrafos 1º e 2º.

Portanto, a Defensoria Pública tem o dever de prestar assistência jurídica integral e gratuita à população, com especial atenção àqueles que não dispõem de condições econômicas para arcar com as despesas dessa espécie de serviço. O art. 5º, LXXIV, da Constituição da República Federativa do Brasil estabelece expressamente o dever do Estado de prestar assistência jurídica integral e gratuita àqueles que comprovarem insuficiência de recursos.

As Defensorias Públicas, lamentavelmente, ainda não estão instituídas em todos os estados brasileiros, como é o caso do estado de

Santa Catarina, e como instituição jovem, ainda enfrenta dificuldades na sua consolidação. O custo para manutenção das Defensorias Públicas no Brasil é extremamente baixo comparado à relevante função social que desempenha.

Consoante o II Diagnóstico Defensoria Pública no Brasil, "Em média, as unidades da Federação gastam com a Defensoria Pública, por ano, R$ 5,10 por habitante e R$ 5,97 por cada indivíduo que tem rendimentos inferiores à faixa apontada (3 SM), ou seja, o público alvo da instituição."[49] O referido relatório também destaca que, em relação à população brasileira, em 2004, havia 1,48 defensor para cada 100 mil habitantes, ao passo que havia, no mesmo período, 7,7 juízes e 4,22 membros do Ministério Público para o mesmo contingente populacional.[50]

No que se refere à infância e juventude, é indispensável registrar o significativo papel desempenhado pelos Centros de Defesa dos Direitos da Criança e do Adolescente, que atuam, com especialidade notória, na proteção e efetivação dos direitos infanto-juvenis, dispondo, inclusive, de uma organização nacional, a Associação Nacional dos Centros de Defesa da Criança e do Adolescente (ANCED), que tem por objetivo contribuir para a implementação da política de garantia de direitos da criança e do adolescente, de modo a assegurar o acesso à justiça para efetivação de seus direitos humanos, com vistas à sustentabilidade do Estado Democrático de Direito.[51]

Contudo, para além do processo positivo de reordenamento institucional, é preciso ressaltar que o efetivo acesso à justiça numa sociedade fundada no modo capitalista de produção enfrenta muitos obstáculos, tais como os econômicos, que envolvem custas judiciais, honorários advocatícios, a eventualidade da sucumbência, mas também a demora na prestação jurisdicional, o distanciamento cultural da população com menor poder aquisitivo do sistema de justiça, o formalismo, a complexidade da linguagem jurídica, o reduzido nível

---

49 BRASIL, Ministério da Justiça. *II Diagnóstico Defensoria Pública no Brasil.* Brasília: Ministério da Justiça, 2006. p. 53.
50 BRASIL, *op. cit.*, p. 70.
51 ANCED. Institucional. Disponível em: <http://www.anced.org.br/institucional.htm>. Acesso em: 24 abr. 2007.

de conscientização sobre os próprios direitos, a distância do sistema de justiça por desconfiança ou resignação e, principalmente, pelo reconhecimento do sistema de justiça como um espaço de repressão e restrição de direitos.[52]

O Poder Judiciário é visualizado, no entanto, pelas camadas populares como uma instituição aterrorizante ou mesmo opressora, quando deveria, pelo contrário, ser um ambiente saudável, democrático, que conduzisse a uma proveitosa participação dos que ali se encontram.[53]

Por isso, quando se pretende a realização concreta do acesso à justiça, é necessário constituir mecanismos capazes de superar esses e outros obstáculos. E foi nesse sentido que o Estatuto da Criança e do Adolescente amparou outros meios de proteção, tais como o acesso à assistência judiciária gratuita e a isenção de custas e emolumentos nas ações judiciais de competência da Justiça da Infância e da Juventude, ressalvada a hipótese de litigância de má-fé, conforme dispõe o art. 141, § 2º.

Proteção especial foi reafirmada com a garantia do direito de representação para crianças e adolescentes com até dezesseis anos e assistência para os adolescentes e jovens com idades entre dezesseis e vinte um anos, por seus pais, tutores ou curadores, nos termos do art. 142 do Estatuto. Para os casos de colisão de interesses entre a criança, o adolescente e seus pais ou responsável e, ainda, na carência de representação ou assistência legal, caberá à autoridade judiciária nomear curador especial, conforme dispõe o art. 142, parágrafo único.

É preciso diferenciar a titularidade de direitos da capacidade de exercício de direito. As crianças e adolescentes são titulares dos direitos fundamentais declarados no conjunto normativo do direito da criança e do adolescente. No entanto, em razão da sua condição peculiar de pessoa em desenvolvimento, serão representados até os dezesseis anos e, a partir dessa idade, assistidos por seus pais, tutores ou curadores, pois o que se pretende é a participação da unidade familiar na proteção especial da criança e do adolescente junto ao sistema de Justiça da Infância e da Juventude.

Por outro lado, em caso de colisão de interesses da criança e do adolescente em relação a seus pais ou responsáveis, a alternativa de

---

52 VERONESE, *op. cit.*, p. 45.
53 *Ibid.*, p. 47.

proteção se desloca conferindo a possibilidade de nomeação de curador especial pela autoridade judiciária, aplicável também nos casos de ausência de representação ou assistência legal.

É vedada a divulgação de atos judiciais, policiais e administrativos que digam respeito a crianças e adolescentes aos quais se atribua autoria de ato infracional (art. 143). A Lei nº 10.764, de 12 de novembro de 2003, alterou o parágrafo único do art. 143 do Estatuto, estabelecendo que qualquer notícia a respeito do fato não poderá identificar a criança ou adolescente, vedando-se fotografia, referência a nome, apelido, filiação, parentesco, residência e, inclusive, iniciais do nome e sobrenome.

Com justa pertinência vedou-se a divulgação dos atos judiciais, policiais e administrativos relacionados à criança ou adolescente a quem se atribua autoria de ato infracional. Trata-se de medida salutar com a finalidade de evitar a estigmatização, a exposição pública, e preservar a dignidade da pessoa humana e o direito ao respeito, conforme dispõe o art. 17 do Estatuto:

> O direito ao respeito consiste na inviolabilidade da integridade física, psíquica e moral da criança e do adolescente, abrangendo a preservação da imagem, da identidade, da autonomia, dos valores, ideias e crenças, dos espaços e objetos pessoais.

Nesse sentido, a Lei nº 10.764, de 12 de novembro de 2003, alterou o art. 143, parágrafo único, ampliando os limites de proteção, passando a partir daí vigorar com a seguinte redação: "Qualquer notícia a respeito do fato não poderá identificar a criança ou adolescente, vedando-se fotografia, referência a nome, apelido, filiação, parentesco, residência e, inclusive, iniciais do nome e sobrenome".

O dispositivo pretende evitar as constantes práticas sensacionalistas dos meios de comunicação de massa em torno do ato infracional, que em regra reproduzem práticas discriminatórias violando o princípio fundamental da dignidade da pessoa humana. Além disso, pretende garantir que a atribuição do ato infracional seja significada apenas como um ato na complexa vida do adolescente, evitando-se o superdimensionamento da prática delituosa no processo histórico de construção da identidade do sujeito. Uma sociedade que pretende superar a violência precisa dar visibilidade às experiências positivas de desenvolvimento humano, e isso se faz mediante a substituição dos códigos da violência pela linguagem da cultura de paz.

A garantia do pleno acesso à justiça trata-se, portanto, de aspecto importante no processo de reordenamento político-institucional, implicando a superação dos obstáculos da tradição autoritária, tais como a estigmatização historicamente produzida pela cultura menorista, mas também um mecanismo de transformação do próprio sistema de justiça como espaço emancipador, na medida em que efetiva verdadeira política comprometida com os direitos fundamentais de crianças e adolescentes.[54]

---

54 Ibid., p. 262.

Parte 2
Trabalho Infantil

CAPÍTULO 1

Conceito de trabalho infantil e normas legais aplicáveis

O conceito de trabalho infantil é o que melhor expressa a proibição ao trabalho de crianças e adolescentes nos termos definidos pela legislação brasileira.

Portanto, para uma compreensão do preciso conceito jurídico de trabalho infantil, é indispensável uma análise dos limites de idade mínima para o trabalho estabelecidos no direito brasileiro. Embora esses limites estejam expressos, de maneira muito clara, na Constituição da República Federativa do Brasil e na Lei nº 8.069, de 13 de julho de 1990 – Estatuto da Criança e do Adolescente –, há algumas questões de conteúdo relativas ao tema que merecem uma atenção especial. Para tanto, se torna necessária a compreensão do conceito de capacidade jurídica para o trabalho.

A compreensão da capacidade jurídica para o trabalho requer uma análise de seus pressupostos conceituais e envolve a terminologia concernente aos sujeitos a que se refere, mediante a diferenciação histórica e conceitual entre as categorias "menor", "criança" e "adolescente". Do mesmo modo, faz-se necessária a definição do conceito de capacidade jurídica, suas modalidades e o seu âmbito de abrangência referente às relações de trabalho.

A primeira abordagem comporta a definição precisa das categorias integrantes do tema voltado ao trabalho infantil. Assim, é oportuno, primeiramente, definir individualmente as categorias mencionadas para, em seguida a sua inter-relação, ater-se a um estudo adequado do tema em questão.

O momento inicial consiste na identificação subjetiva dos titulares de direitos e obrigações nos quais se concentra este trabalho, a criança e o adolescente, diferenciando-se de outras terminologias normalmente utilizadas pelos operadores do direito.

A capacidade jurídica será abordada mediante uma análise de seu conceito e conteúdo, discriminando-se gênero e espécie da categoria apresentada, bem como de seus critérios definidores.

Importa, de outro modo, distinguir as modalidades que envolvem os conceitos de trabalho e profissionalização, com o fim de analisar a capacidade jurídica para o trabalho e, por consequência, os limites determinantes do trabalho da criança e do adolescente no Direito brasileiro, os quais têm por fundamento os princípios protetivos da doutrina da proteção integral.

Na definição da terminologia, o conceito tradicionalmente adotado pela legislação trabalhista e penal, até então em vigor, utilizava, e em alguns momentos ainda utiliza, o termo "menor" como aquela pessoa com idade inferior a dezoito anos sob condições específicas. No entanto, as recentes transformações promovidas pela Constituição Federal e pelo Estatuto da Criança e do Adolescente trouxeram inovações ao categorizar e distinguir as figuras da "criança" e do "adolescente".

A expressão "menor" foi usada como categoria jurídica, desde as Ordenações do Reino, como caracterizadora da criança ou adolescente envolvido em prática de infrações penais. Já no Código de Menores de 1927, o termo foi utilizado para designar aqueles que se encontravam em situações de carência material ou moral, além das infratoras.

Em 1943, com a Consolidação das Leis do Trabalho, destinou-se um capítulo à proteção do trabalho do menor, com o intuito de centralizar em uma única legislação o disciplinamento do trabalho da criança e do adolescente. A referida consolidação veio ampliar o conceito de "menor", que a partir daí passou a envolver todos os trabalhadores com idade entre doze e dezoito anos.

Os princípios protetores estabelecidos na Consolidação trataram de sistematizar a regulamentação anteriormente realizada em relação ao trabalho de crianças e adolescentes, somando-se a esta a marcante influência das normas internacionais emitidas pela Organização Internacional do Trabalho, que pressionava seus países signatários a um disciplinamento de cunho protetor quanto à questão em análise.

Mesmo com o avanço da Consolidação das Leis do Trabalho, em que se ampliou o âmbito de abrangência da categoria "menor", o Brasil, muitos anos mais tarde, ao adotar o Código de Menores, em 1979, cuidou de destinar novo conteúdo à categoria "menor", colocando-o sob uma ótica estigmatizante, pois o classificou como *pessoa em situação irregular*. Vale relembrar: o surgimento do Código de Menores de 1979 produz uma nova categoria, "menor em situação irregular", isto é, o menor de 18 anos abandonado materialmente, vítima de maus-tratos, em perigo moral, desassistido juridicamente, com desvio de conduta ou autor de infração penal.

O diploma de 1979, regulador dos direitos da infância, em vez de consagrar os princípios emancipadores previstos na Declaração Universal dos Direitos da Criança de 1959, optou pela persecução de políticas públicas conservadoras, direcionando-as ao que se chamava de "clientela específica", sob a qual crianças e adolescentes que nasciam num mesmo país e, portanto, deveriam dispor dos mesmos direitos, eram catalogadas como em situação irregular e, sendo "classificadas", teriam um tratamento político particularizado e diferenciado das demais crianças e adolescentes.

A concepção de menor em situação irregular pressupunha a possibilidade do estabelecimento de um padrão de regularidade ou modelo ideal em que deveriam ser adequados. Por óbvio, era exigir demais da capacidade civilizatória a concretização desse tipo ideal, pois exigia a adoção de um modelo único a ser seguido, eliminando a riqueza encontrada na diversidade humana. Essa reflexão pontuou o debate de diversos segmentos sociais na década 1980 no Brasil, como se analisou no Capítulo 1 da primeira parte deste livro.

Nesse período, organizações representativas da sociedade civil denunciavam o marcante processo de estigmatização dos então chamados "menores". Foi comum em diversos setores sociais identificar aqueles excluídos social e economicamente como "menores", em contraposição àqueles poucos privilegiados reconhecidos como "crianças" ou "adolescentes".

Desse modo, em vez de garantir uma atenção especial às suas condições pessoais e sociais, acabou por reproduzir-se a condição de exclusão social e de estigmatização, colocando aquele universo, já desde o nascimento, numa condição de inferioridade frente às demais crianças brasileiras, consideradas por essa visão como "em situação irregular", pois em geral não dispunham de meios econômicos e sociais para prover o seu desenvolvimento.

Mas na formulação da Constituição Federal de 1988 a sociedade já havia se atentado para o tema, tratando de substituir o termo "menor", carregado de forte estigma e marcado para o direcionamento das políticas públicas a uma parcela específica dos jovens, universalizando a atenção dada à infância e juventude por meio das expressões "criança" e "adolescente", reconhecendo-as, a partir daí, como sujeitos de direitos.

O Estatuto da Criança e do Adolescente estabelece em seu art. 15: "A criança e o adolescente têm direito à liberdade, ao respeito e à dignidade como pessoas humanas em processo de desenvolvimento e como sujeitos de direitos civis, humanos e sociais garantidos na Constituição e nas leis".

O reconhecimento desses novos direitos teve por fundamento a Convenção Internacional dos Direitos da Criança da Organização das Nações Unidas, de 1989, ratificada pelo Brasil por meio do Decreto nº 99.710, em 21 de novembro de 1990, que trouxe para o universo jurídico a doutrina da proteção integral.Essa nova concepção situa a criança dentro de um quadro de garantia integral, evidencia que cada país deverá dirigir suas políticas e diretrizes tendo por objetivo priorizar os interesses das novas gerações, pois a infância passa a ser concebida não mais como um objeto de "medidas tuteladoras", o que implica reconhecer a criança e o adolescente sob a perspectiva de sujeitos de direitos.

É oportuno ressaltar que a grande mobilização social ocorrida em razão da promulgação da Constituição Federal de 1988 provocou a regulamentação dos direitos infanto-juvenis com a edição do Estatuto da Criança e do Adolescente, que passou a definir como "criança" a pessoa até doze anos de idade incompletos, e "adolescente" aquela entre doze e dezoito anos de idade, de acordo com o art. 2º.

Desse modo, o art. 402 da Consolidação das Leis do Trabalho, que conceitua "menor" como o trabalhador entre doze e dezoito anos, merece atualização. Já em 1992, a doutrina indicava a revogação do dispositivo em função de sua inconstitucionalidade, decorrente da elevação da idade mínima para o trabalho efetivada pela Constituição da República Federativa do Brasil de 1988.[55]

Apesar de sua revogação, o dispositivo ainda encontra amparo na visão de alguns juristas saudosos da doutrina da situação irregular. Contudo, salienta-se a necessidade de sua atualização, pois o conceito

---

55 MORAES, Antonio Carlos Flores de. *Trabalho do adolescente*: proteção e profissionalização. Belo Horizonte: Del Rey, 1995. p. 231.

de menor, em função do Estatuto da Criança e do Adolescente, deve ser desmembrado e compreendido conforme o período etário a que se refere. Assim, sempre que houver a referência ao então "menor trabalhador", conceituado pela Consolidação das Leis do Trabalho, deve-se substituir a expressão pela categoria criança ou adolescente trabalhadores, conforme o caso que se pretende indicar.

Desconsiderando-se, neste momento, as situações de legalidade ou ilegalidade do trabalho da criança e do adolescente, define-se como "criança trabalhadora" aquela pessoa submetida à relação de trabalho com até doze anos de idade incompletos e, do mesmo modo, "adolescente trabalhador" é a pessoa que desenvolve atividade laboral com idade entre doze e dezoito anos incompletos.

No mesmo sentido, deve ser utilizada a expressão "adolescente aprendiz" sempre que se fizer referência ao então chamado "menor aprendiz". Por "adolescente aprendiz" compreende-se a pessoa com idade entre quatorze e dezoito anos que desenvolve atividades de formação metódica de ofício, em conformidade com legislação especial, neste caso a Lei nº 10.097/2000. Estabelecidos os conceitos referentes aos sujeitos, cabe agora uma análise da capacidade jurídica para o trabalho, que se define pelos limites legais de idade mínima para o trabalho.

CAPÍTULO 2

Limites de idade mínima para o trabalho

A compreensão da proteção jurídica contra a exploração do trabalho infantil implica a compreensão dos limites circunscritos no Direito brasileiro. O que se pretende identificar são os limites jurídicos de proteção às crianças e aos adolescentes quanto ao uso de sua mão de obra, reconhecendo como condição de exploração do trabalho a inobservância dos limites de proteção, ou seja, o trabalho prestado por crianças e adolescentes em condições proibitivas é o que será considerado como trabalho infantil e, portanto, pressuposto jurídico para o reconhecimento da exploração e violação dos direitos fundamentais da criança e do adolescente.

Para facilitar a análise do tema neste capítulo, é preciso esclarecer sobre o significado atribuído para algumas opções conceituais básicas. As expressões "infância" e "infantil" serão utilizadas para representar pessoas com idades até dezoito anos. A expressão "criança" refere-se a pessoas com idades até doze anos incompletos, e "adolescente" àquelas com idades entre doze e dezoito anos, conforme o art. 2º do Estatuto da Criança e do Adolescente.

Para MARTINS,[56] "a expressão 'menor' indica gênero, do qual 'criança' e 'adolescente' são espécies." No entanto, esse não é o nosso entendimento, pois a doutrina do menor em situação irregular foi integralmente revogada pelo art. 227 da Constituição da República Federativa do Brasil, que superou a visão discriminatória e estigmatizante da menoridade. Por isso, a expressão "menor" será absolutamente des-

---

56 MARTINS, Adalberto. *A proteção constitucional ao trabalho de crianças e adolescentes*. São Paulo: LTr, 2002. p. 21.

considerada e, ainda quando presente, será atualizada de acordo com os novos princípios e regras constitucionais.

Neste capítulo, pretende-se identificar o alcance dos limites do conceito de trabalho infantil previstos no direito constitucional, no direito da criança e do adolescente, no direito do trabalho e no direito internacional do trabalho, para, a partir daí, propor um conceito integrado de trabalho infantil.

1. OS LIMITES CONSTITUCIONAIS DE IDADE MÍNIMA PARA O TRABALHO

O conceito constitucional de trabalho infantil é definido pelos limites de idade mínima para o trabalho. Ao longo da história, esses limites, por força e atuação dos movimentos sociais, foram gradativamente elevados com o intuito de ampliar a abrangência de proteção contra a exploração do trabalho de crianças e adolescentes.

Nesse sentido, a própria Constituição da República Federativa do Brasil sofreu alteração por meio da Emenda Constitucional nº 20, em 15 de dezembro de 1998, que alterou os limites de idade mínima para o trabalho. A partir daí, o art. 7º passou a vigorar com nova redação, estabelecendo: "XXXIII – proibição do trabalho noturno, perigoso ou insalubre a menores de dezoito e de qualquer trabalho a menores de dezesseis anos, salvo na condição de aprendiz, a partir de quatorze anos".

Do dispositivo constitucional pode-se deduzir o estabelecimento de três limites de idade mínima para o trabalho, denominados como inferior, básico e superior.

O limite inferior estabelece a idade mínima para realização de atividades na condição de aprendizagem, permitido unicamente para adolescentes com idades a partir dos quatorze anos. A aprendizagem consiste em formação metódica de ofício, disciplinada pela Lei nº 10.097, de 19 de dezembro de 2000, e será abordada em capítulo próprio. Por ora, é importante destacar que o limite de idade mínima inferior não é aplicável às atividades que não comportam aprendizagem, como o trabalho doméstico, por exemplo.

Além disso, existem determinadas condições especiais de proteção à criança e ao adolescente que limitam a realização de qualquer trabalho, denominado como limite superior e estabelecido em dezoito anos de idade. Assim, a proteção constitucional proíbe a realização dos trabalhos nas seguintes condições específicas: em atividades noturnas, perigosas ou insalubres.

Então, sob a perspectiva constitucional, o trabalho infantil envolve a realização de todos os trabalhos em desacordo com os limites de idade mínima – sendo isso estabelecido como qualquer trabalho realizado antes dos dezesseis anos de idade – e, ainda, aqueles que envolvem atividades noturnas, perigosas ou insalubres.

A expressão "trabalho infantil" sempre foi predominante na doutrina jurídica brasileira para designar todos os trabalhos em desacordo com os limites de idade mínima, isso por força da influência das normativas e da doutrina internacional, que considera como "criança" a pessoa com idade até dezoito anos e, portanto, trabalho infantil envolveria aqueles trabalhos proibidos à criança.

No Brasil, a expressão "trabalho infantil" não se restringe apenas ao trabalho realizado pela criança, pois aqui "criança" é a pessoa com idade até doze anos, mas também aos trabalhos realizados por adolescente em desacordo com os limites de idade mínima para o trabalho.

Para concluir, pode-se afirmar que, sob a perspectiva constitucional brasileira, o trabalho infantil envolve todos aqueles prestados por crianças ou adolescentes, com idades inferiores aos dezesseis anos, e ainda aqueles que incluem atividades noturnas, perigosas ou insalubres, nesse caso com o limite de idade mínima fixado em dezoito anos.

Como nota final, cabe ressaltar que esta é a garantia constitucional mínima para a proteção contra a exploração do trabalho infantil. No entanto, existem outros limites, estabelecidos pela legislação infraconstitucional, direcionados à proteção e melhoria da condição social das crianças e dos adolescentes.

2. OS LIMITES ESTATUTÁRIOS DE IDADE MÍNIMA PARA O TRABALHO

O Estatuto da Criança e do Adolescente – Lei nº 8.069, de 13 de julho de 1990 – disciplina a proteção constitucional contra a exploração do trabalho infantil no Capítulo V (destinado ao direito à profissionalização e à proteção no trabalho), nos artigos 60 a 69.

O art. 60 estabelece o limite de idade mínima básica, atualizado pela Emenda Constitucional nº 20, de 15 de dezembro de 1998, determinando que: "É proibido qualquer trabalho a menores de 16 (dezesseis) anos de idade, salvo na condição de aprendiz".

Nesse contexto, o Estatuto da Criança e do Adolescente reafirma e amplia o conceito de trabalho infantil, quando expressamente diz:

Art. 67. Ao adolescente empregado, aprendiz, em regime familiar de trabalho, aluno de escola técnica, assistido em entidade governamental ou não governamental, é vedado trabalho:
I – noturno, realizado entre as 22 (vinte e duas) horas de um dia e as 5 (cinco) horas do dia seguinte;
II – perigoso, insalubre ou penoso;
III – realizado em locais prejudiciais a sua formação e ao seu desenvolvimento físico, psíquico, moral e social;
IV – realizados em horários e locais que não permitam a frequência à escola.

Em comparação às disposições constitucionais, o Estatuto da Criança e do Adolescente traz algumas novidades ao definir o que se entende por "trabalho noturno", e também incluindo outras espécies de proteção.

Embora o art. 67 faça referência expressa aos adolescentes como titulares dos direitos descritos, não há que se considerar que tais disposições não devem ser aplicadas às crianças, pois o princípio da proteção integral e o do reconhecimento da condição peculiar de pessoa em desenvolvimento não permitem interpretação diversa daquela que amplia o espectro de proteção da norma, na medida em que é maior a fragilidade no processo de desenvolvimento.

Portanto, as crianças estão absolutamente amparadas por todas as normas de proteção conferidas ao adolescente, pois seria contraditório que as crianças estivessem em condições menos protegidas que aqueles, e, por fim, o próprio dispositivo constitucional do art. 7º, XXIII, confere essa garantia.

O citado art. 67 define o trabalho noturno como aquele realizado entre as vinte e duas horas de um dia e as cinco horas do dia seguinte. Trata-se, portanto, da definição dos limites à proibição constitucional do trabalho noturno, já previsto inclusive na própria CLT, no art. 404.

Da mesma forma, o Estatuto da Criança e do Adolescente reafirma a proibição aos trabalhos perigosos e insalubres, mas inova ao incluir entre as proibições os trabalhos penosos, ampliando a abrangência de proteção à criança e ao adolescente.

Além disso, o Estatuto da Criança e do Adolescente estabelece outras duas condições proibitivas ao trabalho da criança e do adolescente, restringindo sua realização em locais prejudiciais a sua formação e ao desenvolvimento físico, psíquico, moral e social e, também, àqueles realizados nos horários e locais que não permitam a frequência à escola.

LIMA[57] destaca que "o trabalho precoce atua como determinante de um desenvolvimento psicológico deturpado pela construção de uma autoimagem negativa e as dificuldades impostas por esse fenômeno confirmam a percepção negativa do indivíduo de si mesmo".

Além de prejuízos ao desenvolvimento, é importante destacar que a precocidade de ingresso no trabalho apresenta outros efeitos perversos. KASSOUF,[58] ao analisar os efeitos do trabalho infantil nos rendimentos, confirmou que: "Quanto mais jovem o indivíduo começa a trabalhar, menor é o seu salário na fase adulta da vida. Parece que as pessoas engajadas, muito cedo na vida, em atividades que não exigem habilidade ou conhecimento, acabam sem melhores alternativas na vida adulta". Outra questão relevante é quando o trabalho infantil enquadra-se entre aqueles realizados em horários e locais que não permitem a frequência à escola, como, por exemplo, o trabalho infantil doméstico. Segundo CIPOLA,[59]

> O atraso escolar das meninas empregadas domésticas aumenta, ao passo que vem caindo de forma linear para as demais crianças, em exceção,

---

57 LIMA, Consuelo Generoso Coelho de. Trabalho precoce, saúde e desenvolvimento mental. In: MTE. *Proteção integral para crianças e adolescentes, fiscalização do trabalho, saúde e aprendizagem*. Florianópolis: DRT/SC, 2000. p. 20.
58 KASSOUF, Ana Lúcia. *O efeito do trabalho infantil para o rendimento e a saúde dos adultos*. Disponível em: <http://www.cepea.esalq.usp.br/pdf/sbe2000.pdf>. Acesso em: 10 fev. 2006. p. 13.
59 CIPOLA, Ari. *O trabalho infantil*. São Paulo: Publifolha, 2001. p. 76.

inclusive as ocupadas. Isso sugere que o emprego no serviço doméstico, dadas as características dessa jornada e desse tipo de trabalho, é absolutamente incompatível com uma escolaridade regular e formadora. Dois terços das meninas domésticas que residem no emprego e quase um terço das que não residem não frequentam a escola.

Praticamente, os mais recentes estudos sobre a relação entre trabalho infantil e educação concordam que o trabalho infantil prejudica e impede a escolarização, e essa condição torna-se mais grave à medida que se eleva a idade da criança e do adolescente.[60]

Se os estudos demonstram que o trabalho infantil prejudica o desenvolvimento físico, psíquico, moral e social sendo realizado em horários e locais que definitivamente prejudicam o acesso e à frequência à escola, porque há tolerância social à exploração do trabalho infantil?

Para além de uma cultura jurídica restrita à interpretação dogmático-legal, tudo leva a crer que a resposta não poderia ser outra senão aquela que, mais uma vez, quer atribuir à criança e ao adolescente a responsabilidade pela sua própria manutenção econômica e da sua família. Condição que oculta as responsabilidades da família, da sociedade e do Estado em efetivar os direitos fundamentais da criança e do adolescente.

3. OS LIMITES TRABALHISTAS DE IDADE MÍNIMA PARA O TRABALHO

O Estatuto da Criança e do Adolescente destaca: "Art. 61 – a proteção ao trabalho dos adolescentes é regulada por legislação especial, sem prejuízo do disposto nesta lei." A legislação referida também diz respeito à legislação trabalhista.

A legislação trabalhista tem o mérito de fixar o conteúdo dos limites de idade mínima para o trabalho estabelecidos na Constituição da República Federativa do Brasil e no Estatuto da Criança e do Adolescente. Antes disso, uma advertência é necessária, a CLT, em seu art. 402, com

---

60 Cf. AZEVEDO, José Sérgio Gabrielli de; MENEZES, Wilson Ferreira; FERNANDES, Cláudia Monteiro. *Fora do lugar*: crianças e adolescentes no mercado de trabalho. São Paulo: ABET, 2000. p. 84.

redação dada pelo Decreto-Lei nº 229, de 28 de janeiro de 1967, estabelecia: "Considera-se menor para os efeitos desta Consolidação o trabalhador de 12 (doze) até 18 (dezoito) anos." Sem dúvida, com as alterações constitucionais e estatutárias, o conteúdo do dispositivo foi tacitamente alterado, adequando-se aos novos limites de idade para o trabalho. Contudo, com a aprovação da Lei nº 10.097, de 19 de dezembro de 2000, destinada à regulação da aprendizagem, a redação do artigo 402 da CLT foi modificada expressamente, com o intuito de adequar o dispositivo aos novos tempos, passando a partir daí vigorar com a seguinte redação: "Considera-se menor para os efeitos desta Consolidação o trabalhador de 14 (quatorze) até 18 (dezoito) anos."

No que se refere aos limites de idade mínima para o trabalho, não há o que discutir, mas o que realmente surpreende é a utilização da expressão *menor*,[61] absolutamente superada pela doutrina e pelo ordenamento jurídico brasileiro desde a adoção da doutrina da proteção integral em 1988.

A resistência saudosa do menorismo parece que ainda sobrevive em parte do pensamento doutrinário do direito do trabalho. Como já citado, Martins, em tese defendida em maio de 2000 junto à Pontifícia Universidade Católica de São Paulo, com o título "A proteção constitucional ao trabalho do menor", afirma: "Assinalamos, inicialmente, que não reputamos abominável a expressão 'menor'. É certo que o advento do Estatuto da Criança e do Adolescente (Lei nº 8.069/90) incutiu na mente de muitos estudiosos que o 'correto' é utilizar a expressão 'criança e adolescente'".[62]

Essas observações podem revelar tensões entre a tutela trabalhista e os princípios fundamentais do direito da criança e do adolescente, ou ainda, desconsideração com o significado político do processo de mudança, conquistado a duras penas durante dez anos de mobilização social no Brasil.

---

61 MINHARRO, Erotilde Ribeiro dos Santos. *A Criança e o Adolescente no Direito do Trabalho*. São Paulo: Ltr, 2003, p. 30: "Apesar do consenso entre os doutrinadores de que os termos 'criança' e 'adolescente' expressam a melhor etapa da vida daqueles que ainda não alcançaram a maturidade, a Consolidação das Leis do Trabalho ainda não se adequou a essa realidade e continua empregando a expressão menor [...]".

62 MARTINS, *op. cit.*, p. 20.

Portanto, é preciso reafirmar que o reconhecimento da criança e do adolescente como sujeitos de direitos está em processo de construção, o que implica um comprometimento político e ideológico com a valorização da infância, mobilização necessária não só dos movimentos sociais, mas especialmente da academia.

No que se refere ao trabalho noturno, como já foi observado anteriormente, a CLT também o limita como o trabalho compreendido entre as vinte e duas horas de um dia e as cinco horas do dia seguinte, previsão disposta no art. 404.

Contudo, Oliveira afirma que esses limites são aplicáveis unicamente para o trabalho urbano, pois o trabalho rural noturno é disciplinado pela Lei nº 5.889, de 08 de junho de 1973.[63] A citada lei, que estatui normas reguladoras do trabalho rural, em seu art. 7º dispõe:

> Para efeitos desta Lei, considera-se trabalho noturno executado entre as 21 (vinte e uma) horas de um dia e as 5 (cinco) horas do dia seguinte, na lavoura, e entre as 20 (vinte) horas de um dia e as 4 (quatro) horas do dia seguinte, na atividade pecuária.

A Consolidação das Leis do Trabalho estabelece conceitos para os trabalhos perigosos e insalubres. Quanto ao conteúdo do trabalho perigoso, o art. 193 da CLT diz que "são atividades consideradas perigosas, na forma da regulamentação aprovada pelo Ministério do Trabalho, aquelas que, por sua natureza ou métodos de trabalho, impliquem em contato permanente com inflamáveis ou explosivos em condições de risco acentuado".

Já em relação ao trabalho insalubre, a definição está no art. 189, nos seguintes termos:

> [...] serão consideradas atividades ou operações insalubres aquelas que, por sua natureza, condições ou métodos de trabalho, exponham os empregados a agentes nocivos à saúde, acima dos limites de tolerância

---

63 OLIVEIRA, Oris de. Art. 67. In: CURY, Munir; AMARAL E SILVA, Antônio Fernando do; MENDEZ, Emílio Garcia (Coords.). *Estatuto da Criança e do Adolescente Comentado:* comentários jurídicos e sociais. 2. ed. São Paulo: Malheiros, 1996. p. 198.

fixados em razão da natureza e da intensidade do agente e do tempo de exposição aos seus efeitos.

A CLT e o próprio Estatuto da Criança e do Adolescente não fazem qualquer distinção entre atividades perigosas e insalubres. A esse respeito, Süssekind destaca que a periculosidade difere da insalubridade porque esta última, se não for eliminada ou neutralizada, continua afetando a saúde do trabalhador; já a periculosidade corresponde a um "risco, que não age contra a integridade biológica do trabalhador, mas que, eventualmente (sinistro), pode atingi-lo de forma violenta".[64]

De qualquer forma, as duas condições são proibidas para o exercício de crianças e adolescentes, como reforça o art. 405, I, da CLT, que veda o trabalho antes dos dezoito anos "nos locais e serviços perigosos ou insalubres, constantes de quadro para esse fim aprovado pela Secretaria de Segurança e Medicina do Trabalho."

O quadro a que se refere o artigo citado está regulamentado pelo Decreto nº 6.481, de 12 de junho de 2008, que revogou a Portaria nº 20, de 13 de setembro de 2001, da Secretaria de Inspeção do Trabalho, do Ministério do Trabalho e Emprego, que apresentava o rol de atividades consideradas perigosas ou insalubres. Em seu artigo 1º, determina que: "Fica aprovada a Lista das Piores Formas de Trabalho Infantil (Lista TIP), na forma do Anexo, de acordo com o disposto nos artigos 3º, 'd', e 4º da Convenção 182 da Organização Internacional do Trabalho – OIT, aprovada pelo Decreto Legislativo nº 178, de 14 de dezembro de 1999 e promulgada pelo Decreto nº 3.597, de 12 de setembro de 2000."

É oportuno observarmos que, como na portaria anterior não constava o trabalho doméstico, talvez, por isso, havia até 2008 a predominância da corrente interpretativa que reconhecia a possibilidade de sua realização depois dos dezesseis e antes dos dezoito anos.

Quanto ao trabalho penoso, AZEVEDO[65] explica:

---

64 SÜSSEKIND, Arnaldo. Segurança e Medicina no Trabalho. In: SÜSSEKIND, Arnaldo et al. Instituições de Direito do Trabalho. 16. ed. São Paulo: LTr, 1996. p. 900. v. II.

65 AZEVEDO, Magnólia Ribeiro de. O dano moral: uma investigação sobre a violação dos princípios fundamentais da dignidade da pessoa humana e da

Quanto à proibição do trabalho penoso, muito embora ele tenha sido mencionado pelo legislador constituinte, não existe, ainda, regulamentação, muito embora esses trabalhos sirvam para fins de concessão das aposentadorias especiais, isto é, as que são concedidas com 15 (quinze), 20 (vinte), 25 (vinte e cinco) anos de atividades, cujo ambiente de trabalho exponha o trabalhador aos agentes nocivos, capazes de causar danos à sua saúde ou à sua integridade física, e que são, especificamente, contempladas pelo direito previdenciário.

No caso específico das crianças e dos adolescentes, para o trabalho penoso é aplicável o artigo 390 da CLT, que veda a realização de "serviço que demande emprego de força muscular superior a 20 (vinte) quilos, para o trabalho contínuo, ou 25 (vinte e cinco) quilos, para o trabalho ocasional".

Quanto à proibição dos trabalhos prejudiciais à moralidade, a CLT, no art. 405, § 3º, traz relação exemplificativa, mas não exaustiva, dos trabalhos prejudiciais à moralidade, definindo nos seguintes termos:

a) prestado de qualquer modo em teatros de revista, cinemas, boates, cassinos, cabarés, *dancings* e estabelecimentos análogos;
b) em empresas circenses, em funções de acrobata, saltimbanco, ginasta e outras semelhantes;
c) de produção de composição, entrega ou venda de escritos, impressos, cartazes, desenhos, gravuras, pinturas, emblemas, imagens e quaisquer outros objetos que possam, a juízo da autoridade competente, prejudicar sua formação moral;
d) consistente na venda, a varejo, de bebidas alcoólicas.

Em essência, a legislação não deveria prever proibições em atividades prejudiciais à moralidade, mas sim reconhecer a imoralidade da própria exploração do trabalho precoce.

A proteção integral à criança e ao adolescente tem por objetivo garantir condições plenas de desenvolvimento. Se o trabalho infantil

---

valorização do trabalho. 1999. Tese (doutorado em direito) – curso de pós--graduação em Direito, Universidade Federal de Santa Catarina, Florianópolis, 1999. p. 234.

coloca-se como obstáculo à realização dessas condições em absoluta liberdade, resta na interpretação dos limites protetores a incorporação de princípios e normas que tornem possível a efetiva realização dos direitos fundamentais da criança e do adolescente.

É sob essa ótica que se entende a incorporação do direito do trabalho como instrumento efetivo de proteção à criança e ao adolescente contra a exploração do trabalho infantil.

A Lei nº 12.594, de 18 de janeiro de 2012, que instituiu o Sistema Nacional de Atendimento Socioeducativo (Sinase), ao regulamentar a execução das medidas socioeducativas destinadas a adolescente que pratique ato infracional trouxe o Capítulo VIII, "Da Capacitação para o Trabalho", o qual alterou vários instrumentos normativos:

Art. 76. O art. 2º do Decreto-Lei nº 4.048, de 22 de janeiro de 1942, passa a vigorar acrescido do seguinte § 1º, renumerando-se o atual parágrafo único para § 2º:
"Art. 2º [...]
§ 1º As escolas do Senai poderão ofertar vagas aos usuários do Sistema Nacional de Atendimento socioeducativo (Sinase) nas condições a serem dispostas em instrumentos de cooperação celebrados entre os operadores do Senai e os gestores dos Sistemas de Atendimento Socioeducativo locais. "
Art. 77. O art. 3º do Decreto-Lei nº 8.621, de 10 de janeiro de 1946, passa a vigorar acrescido do seguinte § 1º, renumerando-se o atual parágrafo único para § 2º:
"Art. 3º [...]
§ 1º As escolas do Senac poderão ofertar vagas aos usuários do Sistema Nacional de Atendimento Socioeducativo (Sinase) nas condições a serem dispostas em instrumentos de cooperação celebrados entre os operadores do Senac e os gestores dos Sistemas de Atendimento Socioeducativo locais."
[...]
Art. 78. O art. 1º da Lei nº 8.315, de 23 de dezembro de 1991, passa a vigorar acrescido do seguinte parágrafo único:
"Art. 1º [...]
Parágrafo único. Os programas de formação profissional rural do Senar poderão ofertar vagas aos usuários do Sistema Nacional de Atendimento Socioeducativo (Sinase) nas condições a serem dispostas em

instrumentos de cooperação celebrados entre os operadores do Senat e os gestores dos Sistemas de Atendimento Socioeducativo locais."
Art. 79. O art. 3º da Lei nº 8.706, de 14 de setembro de 1993, passa a vigorar acrescido do seguinte parágrafo único:
"Art. 3º [...]
Parágrafo único. Os programas de formação profissional do Senat poderão ofertar vagas aos usuários do Sistema Nacional de Atendimento Socioeducativo (Sinase) nas condições a serem dispostas em instrumentos de cooperação celebrados entre os operadores do Senat e os gestores dos Sistemas de Atendimento Socioeducativo locais."

4. OS LIMITES INTERNACIONAIS DE IDADE MÍNIMA PARA O TRABALHO

A identificação de um conceito internacional de trabalho infantil implica a análise da Convenção Internacional dos Direitos da Criança da Organização das Nações Unidas (ONU), de 1989, aprovada pelo Decreto Legislativo nº 28, de 14 de setembro de 1990, e promulgada pelo Decreto nº 88.710, de 21 de novembro de 1990; e ainda, uma análise da Convenção nº 138, sobre idade mínima para admissão ao emprego, e da Convenção nº 182, sobre a "Proibição das Piores Formas de Trabalho Infantil e Ação Imediata para sua Eliminação", da Organização Internacional do Trabalho.

A Convenção Internacional dos Direitos da Criança representa o compromisso internacional com a doutrina da proteção integral, adotada pela Constituição brasileira em 1988, e propõe, em seu art. 27, o reconhecimento do "direito de toda criança a um nível de vida adequado ao seu desenvolvimento físico, mental, espiritual, moral e social."

De acordo com o art. 32, 1, os Estados-partes

> reconhecem o direito da criança de estar protegida contra a exploração econômica e contra o desempenho de qualquer trabalho que possa ser perigoso ou interferir em sua educação, ou que seja nocivo para sua saúde ou para seu desenvolvimento físico, mental, espiritual, moral ou social.

Para a efetivação do dispositivo, os Estados devem adotar medidas em vários campos, com ênfase nos campos legislativos, sociais e educacionais, mas o art. 32, 2, prevê especialmente:

a) estabelecer uma idade ou idades mínimas para admissão em emprego;
b) estabelecer regulamentação apropriada relativa a horários e condições de emprego;
c) estabelecer penalidades ou outras sanções apropriadas a fim de assegurar o cumprimento efetivo do presente artigo.

Embora a diretriz convencional aponte claramente para a proteção da criança contra a exploração no trabalho mediante o estabelecimento de limites de idade mínima e condições de trabalho, seu texto não apresenta um conceito próprio de trabalho infantil, restringindo-se apenas à determinação para que os países-membros que ratificaram a convenção o façam.

Também se encontra na referida convenção a preocupação com o desenvolvimento físico e psicológico da criança, nos seguintes termos:

Art. 39. Os Estados-partes adotarão todas as medidas apropriadas para estimular a recuperação física e psicológica e a reintegração social de toda criança vítima de: qualquer forma de abandono, exploração ou abuso; tortura ou outros tratamentos ou penas cruéis, desumanos ou degradantes; ou conflitos armados. Essa recuperação e reintegração serão efetuadas em ambiente que estimule a saúde, o respeito próprio e a dignidade da criança.

O tema dos limites de idade mínima para o trabalho no direito internacional, ao longo da história, foi objeto de preocupação da Organização Internacional do Trabalho (OIT), criada em 1919 pelo Tratado de Versalhes e incorporada pela ONU após a Segunda Guerra Mundial, em 1946.

A OIT é o organismo responsável pelo controle e emissão de normas internacionais referentes ao trabalho, determinando as garantias mínimas de proteção. Sua composição envolve representantes dos trabalhadores, dos empregadores e dos governos, que propõem a edição de convenções e recomendações.

A Convenção é um instrumento sujeito a ratificações pelos Países-membros da Organização e, uma vez ratificada, reveste-se da condição jurídica de um tratado internacional, isto é, obriga o Estado signatário a cumprir e fazer cumprir, no âmbito nacional, as suas disposições. A Recomendação, por sua vez, embora não imponha obrigações, complementa a Convenção e, como expressa o próprio termo, recomenda medidas e oferece diretrizes com vistas à viabilização da implementação, por leis e práticas nacionais, das disposições da Convenção.[66]

No Brasil, o tratado internacional entra em vigor compondo o ordenamento jurídico na mesma hierarquia das leis ordinárias. No entanto, há o reconhecimento da hierarquia constitucional, quando fizerem previsões relativas aos direitos e garantias fundamentais, nos termos do art. 5º, § 2º, da Constituição Federal.[67]

A Emenda Constitucional nº 45, de 08 de dezembro de 2004, acrescentou ao art. 5º um novo parágrafo, que, a partir daí, vigora nos seguintes termos:

> § 3º Os tratados e convenções internacionais sobre direitos humanos que forem aprovados, em cada Casa do Congresso Nacional, em dois turnos, por três quintos dos votos dos respectivos membros, serão equivalentes às emendas constitucionais.

Atualmente, há duas convenções internacionais que tratam do trabalho infantil que estão em vigor e foram ratificadas pelo Brasil: a Convenção nº 138, que integra, num único instrumento, limites gerais de idade mínima para o trabalho, e a Convenção nº 182, voltada à eliminação imediata das piores formas de trabalho infantil.

A Convenção nº 138 integra o rol das sete convenções da OIT sobre direitos fundamentais, sendo constituída por duas ordens de normas: as normas gerais, consideradas de aplicabilidade necessária, determinando

---

66 Organização Internacional do Trabalho. *Convenção nº 138, sobre idade mínima para admissão ao emprego*: Preâmbulo. Brasília: OIT, 2001.

67 MAZZUOLI, Valério de Oliveira. *Direitos Humanos, Constituição e os Tratados Internacionais:* estudo analítico da situação e aplicação do Tratado na Ordem Jurídica Brasileira. São Paulo: Juarez de Oliveira, 2001. p. 233.

compromissos aos países que ratificarem a convenção, e as normas flexíveis, incorporadas para estimular os demais países a assumirem compromissos em determinado prazo com a erradicação do trabalho infantil.

No seu artigo 1º, determina a todo país-membro o comprometimento em assegurar uma política nacional de erradicação do trabalho infantil e em elevar, progressivamente, a idade mínima de admissão a emprego ou trabalho a um nível adequado ao pleno desenvolvimento físico e mental do jovem.

Esse é o núcleo fundamental da Convenção nº 138, a partir do qual todo o mais decorre. É ele que fixa os parâmetros de balizamento na definição da idade mínima de admissão a emprego ou trabalho, assentando-se em três pontos fundamentais: a) política nacional de abolição do trabalho infantil; b) elevação (e fixação) progressiva da idade mínima; c) garantia ao pleno desenvolvimento físico e mental.

A Convenção nº 138 exige que, mediante a ratificação, os países devem especificar, em declaração anexa, uma idade mínima para admissão a emprego ou trabalho, envolvendo inclusive os meios de transporte registrados no território, de acordo com o art. 2º, item 1, tarefa realizada por meio de declaração de previsão da idade mínima básica para o trabalho. Além disso, a idade mínima deve ser fixada num limite superior à idade de conclusão da escolaridade obrigatória ou, em qualquer hipótese, não inferior a quinze anos, conforme o art. 2º, item 3.

No caso brasileiro, a conclusão da escolaridade obrigatória equivale ao ensino fundamental, que, em condições regulares, acontece aos quatorze anos de idade. Assim, a idade mínima declarada pelo governo brasileiro no instrumento de ratificação da Convenção nº 138 foi dezesseis anos, demonstrando perfeita consonância com o dispositivo constitucional do art. 7º, XXXIII.

Ainda, é importante destacar que proposta de proibição dos trabalhos antes da conclusão da escolaridade obrigatória não foi recebida com grande atenção no Brasil, pois praticamente toda a doutrina nesta matéria fixa sua posição em relação aos limites constitucionais, bem como ao limite formal de conclusão de escolaridade obrigatória. Isso afasta a possibilidade de proibição do exercício de trabalho para aquelas pessoas que superaram os limites de idade mínima, mas não concluíram a escolaridade obrigatória. A própria Convenção nº 138 traz disposição referente a essa matéria no art. 7º, § 2º, reconhecendo como uma exceção.

A Convenção nº 138 refere-se também ao limite de idade mínima superior, estabelecendo que não será inferior a dezoito anos a idade mínima para a admissão a qualquer tipo de emprego ou trabalho que, por sua natureza ou circunstâncias de execução, possa prejudicar a saúde, a segurança e a moral do jovem, conforme está disposto no art. 3º, item 1. Dispositivo que apresenta perfeita consonância com as previsões estabelecidas no Estatuto da Criança e do Adolescente, analisadas anteriormente.

A concepção de "piores formas de trabalho infantil" não implica o reconhecimento da existência de outras formas toleráveis de trabalho infantil, mas, antes de tudo, a definição de um conjunto prioritário de ações para erradicação imediata do trabalho infantil.

É preciso afirmar que todas as formas de trabalho infantil são igualmente prejudiciais ao desenvolvimento das crianças, mas evidentemente existem determinadas condições em que os prejuízos decorrentes do trabalho podem ser irreversíveis se não forem a tempo equacionados. A atenção às piores formas de trabalho infantil também não implica desconsiderar a necessidade urgente e imediata de erradicação do todas as formas de trabalho infantil, por isso a Convenção nº 182 tem caráter complementar em relação à Convenção nº 138.

A Convenção nº 182 considera, em seu art. 3º, como piores formas de trabalho infantil:

a) todas as formas de escravidão ou práticas análogas à escravidão, como venda e tráfico de crianças, sujeição por dívida ou servidão, trabalho forçado ou compulsório, inclusive recrutamento forçado ou compulsório de crianças para serem utilizadas em conflitos armados;
b) os trabalhos subterrâneos, debaixo d'água, em alturas perigosas ou em espaços confinados;
c) os trabalhos com máquinas, equipamentos e instrumentos perigosos ou que envolvam manejo ou transporte manual de cargas pesadas;
d) os trabalhos em ambiente insalubre que possam, por exemplo, expor as crianças a substâncias, agentes ou processamentos perigosos, ou a temperaturas ou a níveis de barulho ou vibrações prejudiciais a sua saúde;

e) os trabalhos em condições particularmente difíceis, como trabalho por longas horas ou noturno, ou trabalho em que a criança é injustificadamente confinada às dependências do empregador.

Antes da edição do referido decreto, podia-se notar que o trabalho infantil doméstico não estava claramente descrito em qualquer das hipóteses para ser considerado uma das piores formas de trabalho infantil. A condição mais próxima do trabalho infantil doméstico descrita reduzia-se apenas à ambígua descrição dos trabalhos em que a criança é "injustificadamente" confinada às dependências do empregador, deixando, ainda, demasiada abertura ao usar o termo "injustificado", ou até mesmo abrindo possibilidades para a legitimação de uma condição de exploração.

Por outro lado, essa margem interpretativa poderia ser usufruída para que os países pudessem estabelecer um rigoroso disciplinamento do trabalho infantil doméstico nos ordenamentos nacionais, na oportunidade de definição da lista das atividades consideradas como piores formas de trabalho infantil, sendo efetivamente o que se realizou no Brasil, diga-se de passagem, com atraso.

Para registro histórico, no Brasil, a definição da lista dos tipos de trabalho considerados piores formas de trabalho infantil foi realizada por comissão tripartite, instituída pelo Ministério do Trabalho e Emprego por meio da Portaria nº 143, em 14 de março de 2000, e, lamentavelmente na época, o trabalho infantil doméstico não foi incluído na relação.

Mas a própria Convenção nº 182 estabelecia como piores formas de trabalho infantil atividades que, por sua natureza ou pelas circunstâncias em que são executadas, são susceptíveis de prejudicar a saúde, a segurança e a moral da criança. Nesse contexto, resgatou-se o questionamento sobre se o trabalho infantil doméstico não poderia ser enquadrado nessa condição. Aqui, a resposta ventilada era correspondente à perspectiva de que a doutrina brasileira não reconhecia a proibição do trabalho infantil doméstico em decorrência da falta de dispositivo legal expresso para amparar tal condição, restando o desafio para a construção teórica dessa nova possibilidade, que representaria um avanço no campo da proteção aos direitos da criança e do adolescente, com certeza muito mais integrada às diretrizes da doutrina da proteção integral.

Capítulo 3

Situações especiais: trabalho infantil doméstico

O trabalho infantil doméstico pode ser considerado uma das piores formas de trabalho infantil, nos termos da Convenção nº 182 da Organização Internacional do Trabalho. No Brasil, a convenção foi regulamentada pelo Decreto nº 6.481, de 12 de junho de 2008, que inclui o trabalho infantil doméstico na lista das piores formas de trabalho infantil, proibindo sua realização antes dos dezoito anos de idade.

É importante destacar uma observação quanto à caracterização do espaço do trabalho, isso porque o trabalho infantil doméstico pode estar caracterizado mesmo quando realizado em âmbito familiar. Essa condição é estabelecida quando crianças e adolescentes assumem responsabilidades relativas ao trabalho doméstico que são típicas dos adultos, ou seja, suportam obrigações para além das suas próprias capacidades e em prejuízo ao seu próprio desenvolvimento. No entanto, é o trabalho doméstico prestado em casa de terceiros que se destaca como o principal elemento de exploração do trabalho infantil.

Nesse contexto, a proteção jurídica contra a exploração do trabalho infantil doméstico no Brasil encontra seus limites na Constituição Federal, que define a idade mínima para o trabalho. Nesse sentido, a própria Constituição, por meio de alteração pela Emenda Constitucional nº 20, de 15 de dezembro de 1998, modificou seu artigo 7º, que passou a vigorar com a nova redação:

> XXXIII – proibição do trabalho noturno, perigoso ou insalubre a menores de dezoito e de qualquer trabalho a menores de dezesseis anos, salvo na condição de aprendiz, a partir de quatorze anos.

Do dispositivo constitucional pode-se deduzir que a realização de atividades na condição de aprendiz, disciplinada pela Lei nº 10.097, de 19 de dezembro de 2000, não inclui atividade doméstica como passível de formação metódica de ofício, bem como, tendo em vista sua prestação em âmbito residencial, não atende a correlação entre teoria e prática, já que são requisitos da aprendizagem a realização de atividades teóricas em centros de formação e a prática monitorada no emprego.[68]

Pelos motivos apontados, os limites de idade mínima inferior não são aplicáveis ao trabalho doméstico, pela impossibilidade de ser realizado por meio da aprendizagem.

Há que se considerar, ainda, que com a edição do Decreto nº 6.481, de 12 de junho de 2008, o mínimo de dezesseis anos estabelecido até então é elevado para os dezoito anos nessa atividade, tendo em vista sua inclusão entre as atividades consideradas como as piores formas de trabalho infantil. Além disso, há que se considerar a existência de determinadas condições de proteção especial que limitam a realização de qualquer trabalho, inclusive o trabalho doméstico, e limita a idade mínima aos dezoito anos de idade: a proibição constitucional da realização de atividade noturna, perigosa e insalubre.

A Lei nº 8.069, de 13 de julho de 1990, Estatuto da Criança e do Adolescente, disciplina a proteção constitucional contra a exploração do trabalho infantil no Capítulo V, destinado ao direito à profissionalização e à proteção no trabalho, nos artigos 60 a 69, inovando em relação aos dispositivos constitucionais ao definir o que se entende por trabalho noturno (artigo 67) e incluir outras espécies de proteção.

---

68 OLIVEIRA, Oris. *Estudo legal:* o trabalho infantil doméstico em casa de terceiros no Brasil. Disponível em: <htttp://www.oit.org.pe/ipec/documentos/est_legal_domest_brasil.pdf>. Acesso em 10 fev. 2006. p. 12.

CAPÍTULO 4

Situações especiais: trabalho infantil no esporte

A exemplo do que ocorre com carreiras relacionadas às atividades artísticas e ao mercado da moda, universos estes em que a aparente "glamourização" mascara práticas de exploração do trabalho infantil, encontramos no esporte, mais precisamente no esporte de rendimento, outro ambiente ideal à exploração dessa mão de obra.

Nessa seara, o esporte é quase sempre visto pela família da criança e do adolescente como uma espécie de salvação da pobreza, mito massificado pelos meios de comunicação e que não resiste às estatísticas de que o número real de jogadores milionários é reduzido e ao fato de que a carreira é relativamente pequena.

Na verdade, a garantia de proteção especial à infância, determinada pelo artigo 227 da Constituição Federal, é constantemente violada por centros de formação de atletas infanto-juvenis que não oferecem a assistência ideal, tampouco condições adequadas de estada. Agrega-se a isso o fato de que, quando as famílias buscam esses centros, ignoram o risco de violação aos direitos fundamentais de estudo, lazer e convívio familiar de seus filhos.

A legislação existente afeta à temática é escassa e, a exemplo do que ocorre com a exploração do trabalho infantil em atividades artísticas, é passível de regulamentação. Nesse sentido, a Constituição Federal e a Lei nº 9.615/98, conhecida como "Lei Pelé", apesar de determinarem a obrigação do Estado em priorizar investimentos no desporto educacional, com caráter inclusivo, e reger a relação de trabalho formal entre atletas juvenis, são omissas em relação a garantias protetivas.

Nesse sentido, a Lei Pelé determina a possibilidade de contratação do adolescente a partir dos dezesseis anos, de forma autônoma, não implicando reconhecimento de relação empregatícia, conforme alteração trazida pela Lei nº 12.395, de 2011, que incluiu o art. 28-A, § 1º.

O artigo 29 da referida Lei determina que a entidade esportiva formadora do atleta poderá, ainda, contratar o adolescente a partir dos dezesseis anos, por meio de contrato especial de trabalho não superior a cinco anos, elencando para tanto, em seu § 2º, os requisitos necessários para ser considerada de caráter de formação. Da leitura desse dispositivo,

> Art. 29. [...]
> § 2º É considerada formadora de atleta a entidade de prática desportiva que: (Redação dada pela Lei nº 12.395, de 2011).
>
> I – forneça aos atletas programas de treinamento nas categorias de base e complementação educacional; e (Incluído pela Lei nº 12.395, de 2011).
>
> II – satisfaça cumulativamente os seguintes requisitos: (Incluído pela Lei nº 12.395, de 2011).
> [...]
> c) garantir assistência educacional, psicológica, médica e odontológica, assim como alimentação, transporte e convivência familiar; (Incluído pela Lei nº 12.395, de 2011).
> [...]
> f) ajustar o tempo destinado à efetiva atividade de formação do atleta, não superior a 4 (quatro) horas por dia, aos horários do currículo escolar ou de curso profissionalizante, além de propiciar-lhe a matrícula escolar, com exigência de frequência e satisfatório aproveitamento; (Incluído pela Lei nº 12.395, de 2011).
> [...]
> i) garantir que o período de seleção não coincida com os horários escolares. (Incluído pela Lei nº 12.395, de 2011).

Apesar de a Lei Pelé afirmar que adolescentes a partir de 14 anos podem atuar como aprendizes no futebol, não regulamenta de forma taxativa essa situação. O § 4º do artigo 29 da referida lei determina que o maior de quatorze e menor de vinte anos de idade poderá receber da entidade de prática desportiva formadora, sob a forma de bolsa de aprendizagem, auxílio financeiro, livremente pactuado por meio de contrato formal, sem que seja gerado vínculo empregatício, e determina também, no artigo 44, ser vedada a prática profissional do esporte, em todas as modalidades, às crianças e adolescentes até os dezesseis anos incompletos.

Salienta-se que a contratação de crianças e adolescentes por clubes esportivos é considerada trabalho infantil, pois vincula o adolescente a responsabilidades frente à entidade formadora, submetendo-o às atividades de preparação de um atleta sem que, com isso, haja a garantia de proteção aos direitos do adolescente. Não havendo a garantia desses direitos, há a exploração do adolescente.

No que se refere ao trabalho infantil em atividades esportivas, é preciso registrar que o Brasil vem discutindo um novo marco legal regulatório sobre o tema. Sem dúvida, a prática do esporte é um direito da criança e do adolescente essencial ao pleno desenvolvimento físico e intelectual, e deve ser estimulada pela família, sociedade e Estado. A participação em grupos e equipes esportivas tem demonstrado uma eficiente política de atendimento à infância e à adolescência, devendo ser fortalecida e cada vez mais ampliada.

É importante salientar que os limites de idade mínima para o trabalho, já apresentados, também são aplicáveis aos contratos em atividades esportivas e, portanto, estes somente serão possíveis a partir dos dezesseis anos, desde que preservem integralmente o desenvolvimento educacional, físico e psicológico do adolescente.

Nada impede, antes dessa idade, o recebimento de patrocínios, bolsas ou qualquer tipo de contribuição, financeira ou não, para possibilitar e estimular o desenvolvimento de atividades esportivas. O que não se pode pactuar é contrato civil ou de trabalho que estabeleça qualquer tipo de contrapartida, como cumprimento de metas, horários de treinamentos, viagens, resultados em competições. O desenvolvimento de práticas desportivas antes dos dezesseis anos deve estar integralmente comprometido com o desenvolvimento livre e espontâneo das crianças e dos adolescentes. De qualquer modo, registra-se a necessidade de revisão no arcabouço jurídico sobre a matéria do que se está realizando no país.

CAPÍTULO 5

Situações especiais: trabalho infantil em atividades artísticas

O fato de crianças e adolescentes atuarem em atividades artísticas, em especial nos meios de comunicação, é um dos exemplos de absoluta tolerância dos órgãos responsáveis pela garantia dos direitos infanto-juvenis. Isso ocorre porque a própria legislação que trata do tema apresenta aspectos obscuros, permitindo interpretações dúbias e até a aplicação de normas jurídicas já revogadas pelo direito da criança e do adolescente, tais como a possibilidade de autorização judicial para o trabalho, em desacordo com os limites constitucionais de idade mínima para o trabalho.

O contexto cultural brasileiro sobre a exploração do trabalho infantil conduz à ideia de que o trabalho infantil em atividades artísticas não seria um trabalho. Por isso, "O enfoque que se costuma dar ao aspecto econômico e 'ÚTIL' do trabalho tem levado algumas pessoas a negarem ser o trabalho artístico um *verdadeiro trabalho*".[69]

Essa falsa ideia sobre trabalho artístico esconde que a exploração da mão de obra infantil nesse âmbito compromete o tempo que crianças e adolescentes deveriam dedicar ao seu desenvolvimento, e em nada se diferencia daqueles danos causados por outras formas de trabalho desenvolvidas por crianças e adolescentes, uma vez que exige compromissos e responsabilidades não compatíveis com sua idade.

A Convenção nº 138 da Organização Internacional do Trabalho sobre os limites de idade mínima para o trabalho solidificou a proteção internacional aos direitos da criança contra a exploração. Exige que, uma vez ratificada pelos Países-membros da Organização

---

[69] OLIVEIRA, Oris de. *Trabalho infantil artístico*. Disponível em: <http://www.fnpeti.org.br/artigos/trabalho_artistico.pdf>. Acesso em: 20 jun. 2009. p. 2.

Internacional do Trabalho, estes assumam o compromisso em elevar progressivamente os limites de idade mínima e, em qualquer caso, mantê-los nunca inferiores aos 15 anos. Dessa forma, prevê o art. 2º, 1, da referida Convenção:

Artigo 2º [...]
1. Todo Estado-membro que ratificar esta Convenção especificará, em declaração anexa à sua ratificação, uma idade mínima para admissão a emprego ou trabalho em seu território e em meios de transporte registrados em seu território; ressalvado o disposto nos artigos 4º a 8º desta Convenção, nenhuma pessoa com idade inferior a essa idade será admitida a emprego ou trabalho em qualquer ocupação.[70]

No Brasil, esses limites estão previstos no art. 7º, XXXIII, da Constituição da República Federativa do Brasil, alterado pela Emenda Constitucional nº 20, de 15 de dezembro de 1998. No entanto, o artigo 8º da Convenção 138 da OIT permite, de forma excepcional, o trabalho em atividades artísticas.

Artigo 8º [...]
1. A autoridade competente, após consulta com as organizações de empregadores e de trabalhadores interessadas, se as houver, pode, mediante licenças concedidas em casos individuais, permitir exceções à proibição de emprego ou trabalho disposto no artigo 2º desta Convenção, para fins tais como participação em representações artísticas.
2. Permissões dessa natureza limitarão o número de horas de duração do emprego ou trabalho e estabelecerão as condições em que é permitido.[71]

Nesse sentido, em que pese a proibição, verifica-se que esta é relativizada nos casos de atividades artísticas, não significando necessariamente que essa forma de atividade seria menos prejudicial a crianças

---

70 Organização Internacional do Trabalho. *Convenção nº 138, sobre a idade mínima para admissão ao emprego.* Disponível em: <http://www.oitbrasil.org.br/info/download/conv_138.pdf>. Acesso em: 15 abr. 2010.

71 Organização Internacional do Trabalho. *Convenção nº 138, sobre a idade mínima para admissão ao emprego.* Disponível em: <http://www.oitbrasil.org.br/info/download/conv_138.pdf>. Acesso em: 15 abr. 2010.

e adolescentes, pois próprio artigo 8º, em seu item 2, condiciona essa permissão a alguns parâmetros de proteção. Contudo, as normas de proteção aos direitos humanos estão sujeitas ao princípio da progressividade, ou seja, uma vez reconhecidas no ordenamento constitucional, não podem ser reduzidas, mas somente ampliadas. Destaca-se que a proteção jurídica prevista já garante um âmbito de proteção mais alargado que o limite estabelecido pela própria convenção.

No tocante às frequentes autorizações judiciais para o trabalho infantil artístico, salienta-se que, desde a incorporação do direito da criança e do adolescente no ordenamento jurídico brasileiro, afastou-se a possibilidade da concessão antes dos limites de idade mínima estabelecidos constitucionalmente. Isso porque os atos judiciais não podem violar, em qualquer hipótese, a norma constitucional. Há que se considerar ainda a Convenção das Nações Unidas sobre os Direitos da Criança, que determina, em seu artigo 3, 1, que "Todas as ações relativas às crianças, levadas a efeito por autoridades administrativas ou órgãos legislativos, devem considerar, primordialmente, o interesse maior da criança".[72] Dessa forma, o princípio do interesse superior, ou maior, da criança passa a ser um princípio garantidor que obriga a autoridade judiciária.

O trabalho em atividades artísticas, televisivas e culturais segue a mesma regra estabelecida para as atividades esportivas. É possível firmar contrato de trabalho a partir dos dezesseis anos, ressalvadas as condições proibitivas que o vedam antes dos dezoito anos.

Nada impede que a criança ou o adolescente participem de programas de televisão, rádio, apresentações artísticas e culturais. No entanto, essas atividades não poderão expor a criança e o adolescente a qualquer situação que viole sua integridade de pessoa em processo de desenvolvimento, sua constituição moral, psicológica ou social.

A participação de crianças e adolescentes nessas atividades requer a indispensável autorização e acompanhamento dos pais ou responsáveis, os quais não detêm poder para firmar qualquer tipo de contrato de trabalho ou prestação de serviços em nome de seus filhos. Trata-se de violação frequente na sociedade brasileira e que merece maior atenção das autoridades.

---

72 Organização das Nações Unidas. *Convenção sobre os direitos da criança. 1979.* Disponível em: <http://www.onu-brasil.org.br/doc_crianca.php>. Acesso em: 15 abr. 2010.

CAPÍTULO 6

Normas de proteção ao trabalhador adolescente: limites à contratação e à proteção ao trabalho do adolescente com deficiência

Ao longo da Constituição Federal, encontram-se os parâmetros de proteção no trabalho de pessoas com deficiência, destacando-se, no tocante ao trabalho do adolescente com deficiência, os artigos 37, VIII, 71, XXXI e 227, II.

Assim, o art. 37, inciso VIII, também da Constituição Federal, determina a reserva de percentual de cargos e empregos públicos às pessoas com deficiência. Ao preceituar a "proibição de qualquer discriminação no tocante a salário ou critérios de admissão do trabalhador portador de deficiência", o artigo 71, XXXI, enfatiza o objetivo fundamental da República de construir uma sociedade livre, justa e solidária (art. 3º, I, CF), bem como de promover o bem-estar de todos, sem preconceitos de qualquer origem e quaisquer formas de discriminação (art. 3º, IV). Nesse sentido, assume-se o compromisso de admitir o portador de deficiência como trabalhador, com o cuidado de compatibilizar sua limitação física às atividades profissionais em disponibilidade.

De igual forma, o artigo 227, baluarte da proteção integral do ordenamento jurídico pátrio, no inciso II de seu § 1º, determina:

Art. 227. [...]
§ 1º. [...]
II – criação de programas de prevenção e atendimento especializado para os portadores de deficiência física, sensorial ou mental, bem como

de integração social do adolescente portador de deficiência, mediante o treinamento para o trabalho e a convivência, e a facilitação do acesso aos bens e serviços coletivos, com a eliminação de preconceitos e obstáculos arquitetônicos.

Há que se destacar que o Estatuto da Criança e do Adolescente, em seu artigo 66, de igual forma atenta para a proteção ao trabalho do adolescente com deficiência, tendo em vista que a condição peculiar de pessoa em desenvolvimento, nesse caso, deve ser duplamente considerada, diante da necessidade de maior proteção possibilitadora de efetiva inclusão social.

Com intenção semelhante, a CLT e a Lei do Estágio regulamentam o trabalho do adolescente com deficiência. A Lei do Estágio amplia o estágio profissionalizante às escolas especiais de qualquer grau, e a CLT, em seu artigo 428, § 3º, determina a excepcionalidade de contratação do aprendiz portador de deficiência por prazo superior ao permitido legalmente (dois anos).

CAPÍTULO 7

Responsabilidades decorrentes do descumprimento das normas de proteção ao trabalho da criança e do adolescente e os efeitos da contratação

A contração de adolescentes e seu consequente direito à proteção especial no trabalho encontram seu fundamento na disposição constitucional do artigo 227, § 3º, II:

> Art. 227. É dever da família, da sociedade e do Estado assegurar à criança e ao adolescente, com absoluta prioridade, o direito à vida, à saúde, à alimentação, à educação, ao lazer, à profissionalização, à cultura, à dignidade, ao respeito, à liberdade e à convivência familiar e comunitária, além de colocá-los a salvo de toda forma de negligência, discriminação, exploração, violência, crueldade e opressão.
> § 3º O direito a proteção especial abrangerá os seguintes aspectos:
> [...]
> II – garantia de direitos previdenciários e trabalhistas;
> [...]

Os direitos previdenciários e trabalhistas, bem como o direito de acesso à escola, estão garantidos ainda na CLT, em seus artigos 424 e 433, e no Estatuto da Criança e do Adolescente, entre seus artigos 60 e 69.

No tocante à violação dos direitos de proteção ao trabalho do adolescente, a legislação trabalhista prevê a responsabilização tanto da empresa quanto dos pais ou responsáveis pelo adolescente. Nesse sentido, o artigo 434 da CLT determina a aplicação de multa a empresas infratoras dos direitos e garantias do trabalhador adolescente, bem como, em seu artigo 435, sua majoração para aquelas que efetuarem anotação não prevista em lei na Carteira de Trabalho e Previdência Social.

São competentes para impor penalidades em casos de violação do direito de proteção ao trabalho da criança e do adolescente os delegados regionais do trabalho ou funcionários designados por eles para este fim (art. 438), que, basicamente, são impostas por meio da ação fiscalizatória dos auditores fiscais do trabalho.

CAPÍTULO 8

Estágio: direitos do estagiário, requisitos para adoção válida do regime de estágio, extinção do contrato

O estágio, regulamentado pela Lei nº 11.788, de 25 de setembro de 2008, é conceituado no artigo 1º como:

> [...] ato educativo escolar supervisionado, desenvolvido no ambiente de trabalho, que visa à preparação para o trabalho produtivo de educandos que estejam frequentando o ensino regular em instituições de educação superior, de educação profissional, de ensino médio, da educação especial e dos anos finais do ensino fundamental, na modalidade profissional da educação de jovens e adultos.

Visando ao aprendizado de competências próprias à atividade profissional, o estágio poderá ser obrigatório ou não obrigatório (art. 1º, § 2º, e art. 2º, §§ 1º e 2º), não criando, em ambos os casos, vínculo empregatício.

No entanto, alguns requisitos deverão ser observados para que se caracterize a contratação do estagiário, quais sejam: a) matrícula e frequência regular do educando em curso de educação superior, de educação profissional, de ensino médio, da educação especial e nos anos finais do ensino fundamental, na modalidade profissional da educação de jovens e adultos e atestados pela instituição de ensino; b) celebração de termo de compromisso entre o educando, a parte concedente do estágio e a instituição de ensino e c) compatibilidade entre as atividades desenvolvidas no estágio e aquelas previstas no termo de compromisso (art. 3º, I, II, III).

O estágio deverá, ainda, ser supervisionado por professor orientador da instituição de ensino e por profissional da parte concedente, acompanhamento este que deverá ser comprovado mediante relatórios, sob pena de, em caso de descumprimento de qualquer condicionalidade da lei ou obrigação no termo de compromisso, caracterizar vínculo empregatício, gerando obrigações por parte da concedente para fins trabalhistas e previdenciários (§§ 1º e 2º).

Dentre as principais conquistas trazidas pela lei, destacam-se a obrigatoriedade de a concedente contratar, em favor do estagiário, seguro contra acidentes pessoais (art. 9º, IV); regulamentação da carga horária do estágio, que deve obrigatoriamente constar no termo de compromisso e possuir como limite mínimo quatro horas diárias e vinte horas semanais, e como limite máximo seis horas diárias e trinta horas semanais (art. 10, I, II); carga horária reduzida à metade nos períodos de avaliação (art. 10, § 2º); tratando-se de estágio não obrigatório, a concessão obrigatória de bolsa ou outra forma de contraprestação, além de auxílio-transporte (art. 12), e período de recesso remunerado de trintas dias a ser gozado preferencialmente durante as férias escolares, sempre que o estágio tenha duração igual ou superior a 1 ano, admitindo-se a concessão proporcional nos casos de duração inferior a 1 ano (art. 13, §§ 1º e 2º).

Há que se salientar que a Lei nº 11.788/2008 regulamenta a situação do educando portador de deficiência. O artigo 11 abre exceção quanto à duração do estágio, que, nesse caso, poderá ser superior ao período de dois anos, e o § 5º do artigo 17 assegura aos portadores de deficiência a reserva de 10% das vagas oferecidas pela concedente do estágio.

O contrato de estágio extingue-se automaticamente no prazo determinado no termo de compromisso, devendo a concedente atentar-se aos requisitos da Lei, a fim de evitar a caracterização de vínculo empregatício para todos os fins da lei trabalhista e previdenciária (art. 15). A lei altera ainda o art. 428 da CLT referente à aprendizagem, que será abordada no próximo capítulo.

CAPÍTULO 9

Aprendizagem: direitos do adolescente aprendiz, extinção do contrato, requisitos de validade do regime de aprendizagem

O instituto da aprendizagem é o mais tradicional instrumento de profissionalização do adolescente no Brasil. Anteriormente à análise propriamente dita dessa questão, são necessárias algumas considerações de ordem genérica que dizem respeito a esse instituto de origens suficientemente complexas.

O avanço tecnológico decorrente do processo de industrialização e concorrência passou a exigir dos trabalhadores uma melhor qualificação para o desempenho de suas funções. Mais do que cursos profissionalizantes específicos, o novo "mundo do trabalho" está a exigir trabalhadores com formação escolar ampla e diversificada, a capacitação voltada ao protagonismo juvenil, ao empreendedorismo, bem como o acesso às estratégias educacionais articuladas com geração de renda e a garantia de condições de pleno desenvolvimento. Diretrizes necessárias para a formulação de políticas públicas de atenção à adolescência.

Apesar de o sistema educacional constituir-se muitas vezes como um instrumento de exclusão social, no momento em que não fornece condições adequadas para a formação escolar daqueles que mais necessitam, faz-se necessária a inversão no processo de definição das políticas públicas com vistas a ampliar o âmbito de atuação das políticas educacionais em relação ao adolescente trabalhador.

As políticas públicas endereçadas ao adolescente não podem se restringir ao mero conjunto de ações emergenciais e compensatórias que visam à integração do adolescente no mercado de trabalho. Devem, antes de tudo, ser instrumentos capazes de fornecer os subsídios indispensáveis ao seu pleno desenvolvimento.

A profissionalização deve proporcionar a aquisição de um conjunto de conhecimentos necessários para que alguém seja julgado apto à prática de alguma profissão pública ou privada. Esses conhecimentos devem ser definidos segundo as condições e necessidades do novo mundo do trabalho, voltados, principalmente, àquelas atividades que requeiram uma formação mais diversificada.

Portanto, qualquer atividade laboral em que o adolescente esteja envolvido deve priorizar a sua capacitação profissional adequada ao mercado de trabalho. A operacionalização dessa capacitação profissional pode ser realizada mediante o instituto da aprendizagem.

Para OLIVEIRA,[73]

> A aprendizagem é, pois, a fase primeira de um processo educacional (formação técnico-profissional) alternada (conjugam-se ensino teórico e prático), metódica (operações ordenadas em conformidade com um programa em que se passa do menos para o mais complexo), sob orientação de um responsável (pessoa física ou jurídica) em ambiente adequado (condições objetivas: pessoal docente, aparelhagem, equipamento).

A aprendizagem ganha relevância, no contexto estabelecido a partir da promulgação da Emenda Constitucional nº 20, de 15 de dezembro de 1998, no exato momento em que é a única modalidade de trabalho permitida ao adolescente com idade entre quatorze e dezesseis anos.

A nova redação do art. 7º, inciso XXXIII, da Constituição Federal, ao não permitir a realização de aprendizagem abaixo dos quatorze anos de idade, revogou o art. 64 do Estatuto da Criança e do Adolescente, eliminando do ordenamento a chamada "bolsa de aprendizagem", em face da garantia dos direitos trabalhistas e previdenciários para os aprendizes maiores de quatorze anos, previstos no art. 65.[74]

---

73 OLIVEIRA, op. cit., p. 89.
74 Determinava o art. 64 da Lei nº 8.069/90: "Ao adolescente até 14 (quatorze) anos de idade é assegurada bolsa de aprendizagem." Determina o art. 65 da

Do mesmo modo, está revogado o art. 80 da Consolidação das Leis do Trabalho, que possibilitava o pagamento de meio salário mínimo ao adolescente aprendiz,[75] pois, ao se assegurarem os direitos trabalhistas e previdenciários, está se garantindo, também, o direito constitucional quanto à proibição de diferença de salários por motivos de idade, previsto no art. 7º, XXX. Se a Lei Maior não faz discriminações, não cabe à lei infraconstitucional fazê-las.

Segundo o Estatuto da Criança e do Adolescente, art. 62, a aprendizagem consiste em "formação técnico-profissional ministrada segundo as diretrizes e bases da legislação de educação em vigor." No entanto, a Lei de Diretrizes e Bases da Educação, Lei nº 9.394, de 20 de dezembro de 1996, não trouxe tratamento específico à modalidade da aprendizagem, optando pela adoção do amplo instituto da educação profissional.[76]

Por outro lado, visando a um novo disciplinamento da matéria, foi aprovada a Lei nº 10.097, de 19 de dezembro de 2000, referente à aprendizagem. De acordo com a nova lei, o art. 428 da Consolidação das Leis do Trabalho passou a definir que "contrato de aprendizagem é o contrato de trabalho especial, ajustado por escrito e por prazo determinado, em que o empregador se compromete a assegurar ao maior de quatorze e menor de dezoito anos, inscrito em programa de aprendizagem, formação técnico-profissional metódica, compatível com o seu desenvolvimento físico, moral e psicológico, e o aprendiz, a executar, com zelo e diligência, as tarefas necessárias a essa formação."

O contrato de aprendizagem caracteriza-se como contrato especial realizado pelo adolescente com idade entre 14 e 18 anos e requer a anotação na Carteira de Trabalho e Previdência Social. Caso o aprendiz não tenha concluído o ensino obrigatório, ou seja, o fundamental, deverá estar matriculado em escola e frequentando-a. Faz-se necessário

---

Lei nº 8.069/90: "Ao adolescente aprendiz, maior de 14 (quatorze) anos, são assegurados os direitos trabalhistas e previdenciários".

75 Estabelecia o art. 80 da CLT: "Ao menor aprendiz será pago salário nunca inferior a ½ (meio) salário mínimo regional durante a primeira metade da duração máxima prevista para o aprendizado do respectivo ofício. Na segunda metade passará a perceber, pelo menos, 2/3 (dois terços) do salário mínimo".

76 BRASIL. *Lei de Diretrizes e Bases da Educação, Lei nº 9.394, de 20 de dezembro de 1996*. Senado Federal: Brasília, 1996. Capítulo III, arts. 39-42.

para o desenvolvimento da aprendizagem inscrição em programa específico, sob orientação de entidade que detenha qualificação em formação metódica técnico-profissional, de acordo com a Lei nº 10.097/00 e a nova redação do art. 428, § 1º, da Consolidação das Leis do Trabalho. Em razão da proibição constitucional do art. 7º, XXX, referente à discriminação salarial por critério de idade, ao adolescente é garantido, ressalvada condição mais favorável, o salário mínimo hora, nos termos da nova redação do art. 428, § 2º, da Consolidação das Leis do Trabalho, bem como, os direitos trabalhistas e previdenciários, garantidos no Estatuto da Criança e do Adolescente no art. 65. Como a aprendizagem destina-se à formação técnico-profissional, não poderá ser realizada por período superior a dois anos, por disposição do art. 428, § 3º, da Consolidação das Leis do Trabalho, atualizado pela Lei nº 10.097/2000.

A formação técnico-profissional exigida para caracterizar a aprendizagem realiza-se, segundo a Consolidação das Leis do Trabalho, no art. 428, § 4º, por "atividades teóricas e práticas, metodicamente organizadas em tarefas de complexidade progressiva desenvolvidas no ambiente de trabalho."

Para tornar possível a realização da aprendizagem pelo significativo contingente de adolescentes brasileiros, a nova lei da aprendizagem estabeleceu na Consolidação das Leis do Trabalho, art. 429, *caput*, que "Os estabelecimentos de qualquer natureza são obrigados a empregar e matricular nos cursos dos Serviços Nacionais de Aprendizagem número de aprendizes equivalente a cinco por cento, no mínimo, e quinze por cento, no máximo, dos trabalhadores existentes em cada estabelecimento, cujas funções demandem formação profissional".

A redação do art. 429 foi objeto de alteração após a Lei do Sinase – Lei nº 12.594, de 2012, uma vez que o referido artigo foi acrescido do seguinte § 2º:

[...]

§ 2º Os estabelecimentos de que trata o caput ofertarão vagas de aprendizes a adolescentes usuários do Sistema Nacional de Atendimento Socioeducativo (Sinase) nas condições a serem dispostas em instrumentos de cooperação celebrados entre os estabelecimentos e os gestores dos Sistemas de Atendimento Socioeducativo locais.

Em se tratando dos Serviços Nacionais de Aprendizagem, a Consolidação das Leis do Trabalho dispõe em seu art. 430:

> Na hipótese de os Serviços Nacionais de Aprendizagem não oferecerem cursos ou vagas suficientes para atender à demanda dos estabelecimentos, esta poderá ser suprida por outras entidades qualificadas em formação técnico-profissional metódica, a saber:
> I – Escolas Técnicas de Educação;
> II – entidades sem fins lucrativos, que tenham por objetivo a assistência ao adolescente e à educação profissional, registradas no Conselho Municipal dos Direitos da Criança e do Adolescente.

Como a nova lei passou a permitir a realização de aprendizagem por organizações da sociedade civil, exigindo a qualificação para tal, essas entidades deverão contar com estrutura própria para o desenvolvimento da aprendizagem, visando manter a qualidade do processo de ensino, acompanhando e avaliando os resultados. Tais entidades, ao contratar adolescentes, estão dispensadas do cumprimento da quota de aprendizes, já que, em sua maioria, são entidades de caráter meramente assistencial. Ao concluir o curso de aprendizagem, o adolescente receberá um certificado, conforme dispõe o art. 430, § 2º, da Consolidação das Leis do Trabalho.

Em referência a esse tema, Santos[77] destacava, em 1997, um problema resolvido hoje pela nova lei:

> [...] uma visão, mesmo que panorâmica, sobre o sistema de formação profissional no País pode nos deixar perplexos e reafirmar a necessidade de fazer mudanças substanciais neste quadro. Desde Getúlio Vargas, quando se criou, em 1942, o SENAI e SENAC, se tem delegado à classe patronal a tarefa de formação de mão de obra especializada e necessária às indústrias e ao comércio. Hoje, estes dois órgãos detêm a exclusividade da formação ou da supervisão dessa formação profissional, e isso significa que o regime de aprendizagem só pode ser instituído sob a sua chancela.

---

77 SANTOS, Benedicto Rodrigues dos. A regulamentação do trabalho educativo. *Cadernos ABONG – Subsídios à Conferência Nacional dos Direitos da Criança e do* Adolescente, São Paulo, nº 18, p. 184-185, 1997.

Com as recentes alterações, o aprendiz poderá ser contratado por empresa ou qualquer das entidades das organizações qualificadas para o desenvolvimento de atividades técnico-profissionais, segundo o artigo 1º da Lei nº 10.097/2000, que altera o artigo 431 da CLT. A duração do trabalho do aprendiz está limitada ao máximo de seis horas diárias, não sendo possível prorrogação ou compensação de jornada. Aos adolescentes que já concluíram o ensino fundamental, a jornada poderá ser de até oito horas diárias, desde que computadas as horas destinadas à aprendizagem teórica.

OLIVEIRA[78] ressalta que "a condição de aprendiz deixa de existir quando terminado o curso em que esteja matriculado, quando esgotado o prazo de duração da aprendizagem ou quando o adolescente completa 18 anos de idade." No entanto, a aprendizagem poderá ser prorrogada até os 24 anos, segundo estabelece a política nacional referente ao tema.

Sem dúvida alguma, a alteração substancial que a Emenda Constitucional nº 20/1998 trouxe ao regulamento do trabalho do adolescente foi o pleno reconhecimento dos direitos trabalhistas e previdenciários ao adolescente aprendiz, mediante o reconhecimento da capacidade jurídica a todos os adolescentes trabalhadores, pois, além de valorizar a educação na faixa etária compreendida entre os quatorze e dezoito anos, mediante o instituto da aprendizagem, eliminou a discriminação em função da idade[79] ao extirpar do ordenamento a bolsa de aprendizagem, já potencialmente inconstitucional, que servia, muitas vezes, ao mascaramento da relação trabalhista e à exploração laboral dos adolescentes com idade entre doze e quatorze anos, período em que normalmente deveriam estar se dedicando ao cumprimento da escolaridade obrigatória.

São requisitos essenciais à validade do contrato de aprendizagem:
  a) ser ajustado por escrito;
  b) ter prazo determinado e não superior a dois anos, exceto em casos de adolescente portador de deficiência;
  c) inscrição de entidade qualificada em formação técnico-profissional metódica ou, ainda, de entidades sem fins lucrati-

---
78 OLIVEIRA *op. cit.*, p. 193.
79 Estabelece o art. 7º, XXX, da Constituição Federal a proibição da diferença de salário, de exercício de funções e critérios de admissão em função da idade.

vos, em programa de aprendizagem do Sistema Nacional de Aprendizagem;
d) anotação em CTPS, com depósito de FGTS;
e) matrícula em escola e frequência, caso não haja concluído ensino fundamental;
f) pagamento de salário mínimo hora, salvo condição mais favorável;
g) tempo de duração diária não superior a seis horas, incluídas as atividades teóricas e práticas;
h) tempo de duração de oito horas diárias, incluídas as atividades teóricas e práticas, se o aprendiz completou o ensino fundamental;
i) as férias deverão ser coincidentes com uma das férias escolares.

A extinção do contrato de aprendizagem dar-se-á quando de seu termo ou quando o aprendiz completar dezoito anos, ou ainda em casos de desempenho insuficiente ou inadaptação do aprendiz, falta disciplinar grave, ausência injustificada à escola que implique perda do ano letivo, ou a pedido do aprendiz (art. 433 e incisos da CLT).

CAPÍTULO 10

Trabalho educativo

O trabalho educativo enquadrava-se na antiga modalidade de aprendizagem escolar. Com a aprovação da Emenda Constitucional nº 20/1998, essa categoria de profissionalização perdeu seu objeto e depende de nova regulamentação. Tramitam na Câmara Federal alguns projetos de lei que tratam da matéria, mas há muita controvérsia sobre sua verdadeira utilidade no contexto atual. Em face das constantes distorções ocorridas na execução de tais programas, será realizada uma análise pormenorizada dessa modalidade de profissionalização, de modo a explicitar o seu conteúdo em face dos limites determinantes da capacidade jurídica.

A devida caracterização do "trabalho educativo", prevista no art. 68 do Estatuto da Criança e do Adolescente, coloca-o predominantemente no âmbito da educação e profissionalização, não se desconsiderando que parte de seu conteúdo localiza-se no âmbito do trabalho. Consiste, na verdade, num instrumento voltado especificamente para a profissionalização.

Alguns autores indicam que suas raízes históricas remontam ao ano de 1986, quando foi instituído pelo governo federal, por meio do Decreto-Lei nº 2.318, de 30 de dezembro de 1986, o "Programa Bom Menino", com o objetivo de propiciar a execução de serviços a título de iniciação de trabalho e em locais apropriados na empresa. O decreto-lei citado previu, igualmente, a criação de um Conselho Nacional de Promoção Social e de comitês municipais encarregados do cadastramento e consequente encaminhamento dos menores considerados em situação irregular aos programas de bolsa de iniciação ao trabalho.

Vale lembrar que a Constituição em vigor naquela época estabelecia a aquisição da capacidade jurídica relativa para o trabalho aos doze anos, mas o referido decreto-lei, desconsiderando a norma constitucional, passou a compreender que o trabalho do "menor assistido" não caracterizava relação de emprego e, portanto, o menor trabalhador, por ser assistido, não gozaria dos direitos trabalhistas e previdenciários, percebendo apenas pelo trabalho prestado à chamada "bolsa de iniciação ao trabalho".[80]

O referido programa, baseado nas ideias de trabalho e ensino para o "menor", teve resultado diverso do pretendido, pois criou uma figura atípica, o trabalho na empresa sem vínculo empregatício, ou seja, havia na relação os requisitos do liame laboral (subordinação, pessoalidade, habitualidade e onerosidade), mas não era garantida a contrapartida: o reconhecimento na integralidade dos direitos trabalhistas e previdenciários.

O Programa Bom Menino, mediante ampla divulgação pela mídia como a "solução" para os *menores em situação irregular*, difundiu-se por meio de milhares de projetos por todo o país, e era sinal indicativo da preocupação social com a crescente miserabilidade das camadas sociais.

Contudo, os novos paradigmas firmados pela nova Constituição Federal e pelo Estatuto da Criança e do Adolescente, determinando precisamente a capacidade jurídica para o trabalho da criança e do adolescente, evidenciaram as distorções provocadas pelo Programa Bom Menino, de modo que, em 10 de abril de 1991, deu-se a revogação expressa do Decreto nº 94.338/1987 e, consequentemente, do referido programa.

---

80 Desse modo, "[...] criou-se uma discriminação não em razão da idade, sexo, cor, credo religioso, mas fundamentada na pobreza, rotulada de situação irregular. À época um industrial observou muito bem: quem admitisse menores *assistidos* e *não assistidos*, aos quais se atribuíam as mesmas tarefas, teria a difícil incumbência de explicar aos primeiros por que não recebiam a gratificação natalina, o amparo previdenciário, por exemplo, quando a única explicação objetiva era afirmar que não tinham tais direitos só porque *assistidos*, porque eram mais pobres e necessitados." Ver: OLIVEIRA, Oris. *O trabalho da criança e do adolescente*. São Paulo: LTr, 1994. p. 166.

A partir da extinção do Programa Bom Menino, as entidades que desenvolviam programas de profissionalização e encaminhamento de adolescentes ao mercado de trabalho passaram a vislumbrar que o trabalho educativo previsto no art. 68 do Estatuto da Criança e do Adolescente consistia, na verdade, numa possibilidade de continuidade de seus projetos.

Por consistir num instituto inovador, o trabalho educativo passou, a partir daí, a ter interpretações diversas, sendo até compreendido (equivocadamente) como o ressurgimento do Programa Bom Menino, ocultando muitas vezes uma típica relação de emprego. No entanto, Costa[81] adverte que "O trabalho educativo, embora historicamente tenha sua raiz no trabalho social, com crianças e adolescentes encontrados em estado de necessidade, não pode e não deve, de maneira alguma, ser reduzido a este aspecto de sua evolução."

Houve também aqueles que, diante da possibilidade de flexibilização da legislação, se viesse a abrir caminho à exploração da mão de obra infanto-juvenil, defendiam que o ideal seria a própria revogação do dispositivo. Por outro lado, a aprovação da nova Lei nº 10.097/2000, atualizando a aprendizagem, tornou desnecessária a regulamentação do dispositivo.

O Estatuto da Criança e do Adolescente estabelece, no art. 68, os requisitos para o desenvolvimento de programa social que tenha por base o trabalho educativo:

1) a responsabilidade pelo programa deve ser de entidade governamental ou não governamental sem fins lucrativos;
2) o programa deve assegurar ao adolescente que dele participe condições de capacitação para o exercício de atividade regular remunerada.

Quando a lei estabeleceu como uma das possibilidades o requisito da realização de programa de trabalho educativo por entidades não governamentais sem fins lucrativos, tornou-se evidente que estão excluídas as possibilidades de execução de tais programas

---

81 Costa, Antônio Carlos Gomes da. Capítulo V – Do direito à profissionalização e à proteção no trabalho. In: Cury, Munir; Silva, Antônio Fernando do Amaral e; Mendez, Emílio García. *Estatuto da Criança e do Adolescente Comentado – Comentários Jurídicos e Sociais*. 2. ed. São Paulo: Malheiros, 1996. p. 203.

por entidades com fins lucrativos e, desse modo, as empresas. Nesse sentido, destaca COLUCCI:[82]

> [...] o trabalho educativo insere-se exatamente na modalidade escola, não admitindo, segundo a doutrina que se edificou em relação ao tema, a sua execução em empresas, exatamente porque o caráter produtivo não pode, a teor do dispositivo legal que o regula, sobrepor-se ao aspecto pedagógico. No âmbito da empresas, o que se almeja não é precipuamente formar profissionalmente o adolescente, mas produzir [...]. Não vislumbra a lei, pois, outra hipótese de trabalho no espaço físico da empresa que não seja a do estágio (modalidade de profissionalização considerada escolar) ou a que se realiza através dos Serviços Sociais, em que a empresa promove a aprendizagem com a supervisão dos Serviços Nacionais [...].

Portanto, o dispositivo não pretende permitir o exercício de atividade regular remunerada sem o liame contratual de vínculo empregatício, mas dar condições –formação técnico-profissional – para futuramente o adolescente, mediante a aquisição de capacidade jurídica para o trabalho, desenvolver atividade laborativa nos termos da legislação.

Para evitar possíveis controvérsias, o próprio legislador tratou de conceituar o trabalho educativo no art. 68, § 1º, da Lei nº 8.069/1990: "Entende-se por trabalho educativo a atividade laboral em que as exigências pedagógicas relativas ao desenvolvimento pessoal e social do educando prevalecem sobre o aspecto produtivo". Desse modo, o trabalho educativo somente será caracterizado naqueles projetos de cunho pedagógico em que as atividades educacionais superem as atividades laborativas, sendo incompatível sua realização no âmbito de qualquer empresa, pois esta somente existe em função da lucratividade oriunda do trabalho realizado. O que o artigo 68 do Estatuto da Criança e do Adolescente veio regulamentar foi o trabalho das entidades que atuam como escolas-produção.

OLIVEIRA[83] esclarece que "os processos produtivos de uma empresa e de uma escola-produção são radicalmente diferentes, porque na

---

82 COLUCCI, Viviane. *Considerações sobre o Programa de Trabalho Educativo instituído pelo Município de Blumenau*. Florianópolis, 1996. Mimeografado.

83 OLIVEIRA, Oris de. Capítulo V – Do direito à profissionalização e à proteção no trabalho. In: CURY, Munir; SILVA, Antônio Fernando do Amaral e;

empresa visa-se aos lucros em condições de concorrência, ao passo que na escola-produção a preocupação fundamental é a transmissão de uma qualificação profissional".

A realização de programa de trabalho educativo deve estar direcionada para a educação e se encontra no âmbito da profissionalização, que não se confunde com trabalho, pois é etapa de preparação para este. Desse modo, a formação do adolescente em programa de trabalho educativo não requer a existência de um contrato de trabalho educativo, mas sim inscrição no respectivo programa de profissionalização, que deve ser realizado numa escola ou entidade congênere.

Segundo COSTA,[84] para a determinação da preponderância do aspecto educativo sobre o produtivo, dois critérios devem ser observados:

> [...] o primeiro diz respeito ao número de horas de atividades orientadas para a produção e aquelas voltadas para a formação do educando; o segundo, à natureza, ou seja, o caráter das atividades laborais realizadas em termos de ritmo e estruturação de modo a permitir uma real aprendizagem por parte do trabalhador educando, ou seja, as atividades laborais devem ajudar e não prejudicar o processo aprendizagem/ensino.

COLUCCI[85] adverte que, frequentemente, "tais programas nominados 'educativos' prestam-se ao mascaramento do contrato de trabalho, porque presentes os requisitos configuradores do liame laboral...." Nesse sentido, ainda adverte parecer do Ministério Público do Trabalho:[86]

> [...] a predominância do aspecto produtivo no desempenho do trabalho dito 'educativo' acarreta os efeitos do vínculo empregatício,

---

MENDEZ, Emílio García. *Estatuto da Criança e do Adolescente Comentado – Comentários Jurídicos e Sociais.* 2. ed. São Paulo: Malheiros, 1996. p. 193.
84 COSTA, *op. cit.*, p. 203.
85 COLUCCI, Viviane. *Regulamentação ao art. 68 do Estatuto da Criança e do Adolescente.* Florianópolis: Ministério Público do Trabalho – 12ª Região, 1996. s.p. Mimeografado.
86 *Ibid.*, s.p.

aos quais englobam o registro na CTPS, o recolhimento de encargos sociais, além do pagamento de verbas trabalhistas previstas na Consolidação das Leis do Trabalho (CLT) e legislação complementar.

Cabe destacar, também, que determinada corrente doutrinária entende que o trabalho educativo deve ser destinado àqueles "adolescentes que não tiverem condições pessoais (por analfabetismo, despreparo mínimo na esfera disciplinar ou educativa ou de outra natureza)" de se beneficiar da modalidade da aprendizagem. No entanto, um dos méritos do Estatuto da Criança e do Adolescente foi o amparo, sem qualquer tipo de distinção, a todas as crianças e adolescentes, revogando-se a doutrina da situação irregular, segundo a qual as políticas sociais deveriam ser direcionadas apenas aos então chamados "menores em situação irregular". Assim, não há porque diferenciar o público-alvo do programa de trabalho educativo com base nas condições pessoais do adolescente, pois assim se estariam utilizando princípios atualmente incabíveis.

Outra característica importante do trabalho educativo é o sentido de complementação do processo educativo de ensino e educação regular, que deve ser prioritário na formação do adolescente. Portanto, os programas não devem ser considerados como medida punitiva aos adolescentes com atraso escolar ou que se evadiram da escola, mas como um meio de (re)integração ao sistema educacional, estímulo e acompanhamento das atividades escolares.

Além disso, o programa de trabalho educativo deve ter uma função emancipadora, na qual o adolescente deve ser compreendido como o sujeito do processo educativo, evitando, como tem sido prática, "a utilização do trabalho como controle social e/ou como função disciplinadora na socialização da criança".[87]

O regime de trabalho educativo diz respeito ao trabalho que:

---

87 SANTOS, Benedicto Rodrigues dos. Capítulo V – Do direito à profissionalização e à proteção no trabalho. In: CURY, Munir; SILVA, Antônio Fernando do Amaral e; MENDEZ, Emílio García. *Estatuto da Criança e do Adolescente Comentado – Comentários Jurídicos e Sociais*. 2. ed. São Paulo: Malheiros, 1996. p. 184-185.

[...] o adolescente executa numa entidade governamental ou não governamental que o capacita para o exercício de uma atividade regular remunerada. Nessa circunstância, o adolescente não trabalha para a entidade como se essa fosse sua empresa empregadora; a relação jurídica que se estabelece entre ambos é a de aluno-escola, embora o Estatuto [...] não exija, sem excluir o desejável, que a entidade assuma formalmente a condição de escola regularmente inscrita como tal. Basta que efetivamente promova a capacitação. E para que a caracterização de escola apareça bem distinta, as exigências pedagógicas devem prevalecer sobre o aspecto produtivo.[88]

Não se configura, desta feita, como trabalho educativo, a atividade desenvolvida pelo adolescente em empresa, pois nesta o adolescente pode estar apenas em duas situações: como empregado a partir dos dezesseis anos ou como aprendiz a partir dos quatorze anos, nos termos da Lei nº 10.097/2000.

Programas de entidades, sejam elas governamentais ou não governamentais sem fins lucrativos, e que tenham por objetivo o encaminhamento de adolescentes para empresas, com a finalidade de realizar atividade sob a denominação de trabalho educativo, estão desenvolvendo ações flagrantemente ilegais, pois não se espera que o trabalho educativo se realize nas empresas e nem que essas entidades funcionem como "bancos de emprego". Aquelas que assim agirem devem ser responsabilizadas, e os adolescentes terão seus direitos trabalhistas e previdenciários reconhecidos, e se estes ainda não atingiram os limites de idade mínima para o trabalho, devem ser, também, afastados imediatamente da atividade.

Segundo COLUCCI,[89] "englobam-se, ainda, na modalidade de trabalho educativo, as cooperativas-escolas, reguladas pela Lei nº 5.471/1971, que têm por fim educar os alunos dentro dos princípios do cooperativismo".

---

88 OLIVEIRA, op. cit., p. 140.
89 COLUCCI, Viviane. *A erradicação do trabalho infantil e a proteção ao trabalho do adolescente.* Caderno 1. Florianópolis: Fórum Estadual de Erradicação do Trabalho Infantil e Proteção do Adolescente no Trabalho/SC, 1997. p. 15.

Consoante Costa,[90] a instituição do trabalho educativo no Estatuto da Criança e do Adolescente "nos dá a base legal para a organização de escolas-cooperativas, escolas-oficinas, escolas-empresas, dirigidas a qualquer tipo de educando e não apenas às crianças e adolescentes em situação de risco pessoal e social".

Outro aspecto importante é que o regime de trabalho educativo superou os referenciais paradigmáticos da educação pelo trabalho e educação para o trabalho. Nesse sentido, dispõe a parte final do art. 68, indicando que o programa "deve assegurar ao adolescente que dele participe condições de capacitação para o exercício de atividade regular remunerada". O texto legal é bastante claro ao evidenciar que o programa deve priorizar a capacitação profissional, ou seja, um processo alternativo entre as atividades de educação e trabalho com a finalidade de garantir o exercício futuro de atividade regular remunerada.

Estabelecendo-se como finalidade o exercício de atividade regular remunerada, o programa de trabalho educativo não se deve restringir a atividades mecânicas e repetitivas, que geralmente contribuem muito pouco no preparo para a qualificação e o acesso às oportunidades do mercado de trabalho. As rápidas transformações no modelo econômico de produção, decorrentes do avanço tecnológico, devem ser consideradas na definição do modelo de capacitação a ser adotado, priorizando uma formação diversificada pautada em conteúdos que facilitem a inserção futura no mercado produtivo.

Outro critério de cunho educativo importante é a necessidade de elaboração e acompanhamento do projeto de equipe interdisciplinar formada preferencialmente por pedagogo, assistente social e psicólogo, respeitando e estimulando a participação dos adolescentes em todas as fases de planejamento, execução e avaliação.

Deve haver uma preocupação constante por parte dos aplicadores e fiscalizadores da lei para que o programa de trabalho educativo não faça renascerem os equívocos constatados pela execução do antigo Programa Bom Menino.[91]

---

90 Costa, *op. cit.*, p. 203.

91 Segundo Guareschi, esse programa referia-se "exclusivamente ao trabalho alienado, como se fosse o único tipo de trabalho, isto é: onde a pessoa trabalha no que não é dela; onde o fruto de seu trabalho não lhe pertence; onde ela

A garantia do adequado desenvolvimento educacional nos programas de trabalho educativo deve, em primeiro lugar, ser das entidades governamentais e não governamentais sem fins lucrativos que executam os programas, pois têm a atribuição de executar suas ações fundadas nos princípios da doutrina da proteção integral, adotada no Direito brasileiro. Quis o legislador proporcionar por meio desse instituto a ampliação das formas e metodologias necessárias à devida preparação para a capacitação profissional que atenda às necessidades de mercado, que os jovens teriam mediante o instituto do trabalho educativo, sem desconsiderar a importância quanto à formação educacional dos adolescentes, mas sua eficácia ainda é muito questionável. Seria adequada a revogação do art. 68 do Estatuto da Criança e do Adolescente como forma de fortalecer a profissionalização pela via do instituto da aprendizagem, já que este possui maior controle e fiscalização por parte das autoridades estatais e melhores condições de garantia ao desenvolvimento do adolescente.

---

    não planeja, não possui visão do todo, apenas executa tarefas; onde ela não decide, apenas obedece; onde ela não se dá conta das relações de dominação e exploração a que está sujeita; e finalmente, trata-se dum trabalho que, por todas essas características, leva à alienação mental, pois destrói o específico do homem, que é a iniciativa, a espontaneidade, originalidade, criatividade, isto é, a *vida*, transformando a pessoa em mera peça autômata duma grande linha de montagem." GUARESCHI, Pedrinho A. O "Programa do Bom Menino" ou de como preparar mão-de-obra barata para o capital. *Serviço Social e Sociedade*, São Paulo, nº 27, p. 131, out. 1988.

Parte 3
Questões de concursos e exercícios

Questões de concursos

(TRT 1ª REGIÃO – 2010 – PROVA I – CESPE/UNB) De acordo com o que dispõe o Estatuto da Criança e do adolescente, na formação técnico-profissional do aprendiz, devem ser observados:

a) a garantia de acesso e frequência obrigatória ao ensino regular, a atividade compatível com o desenvolvimento do adolescente e o horário especial para o exercício das atividades.

b) o princípio da precaução, quanto ao desempenho de tarefas insalubres, o princípio da prevenção, nas atividades de baixo grau de periculosidade, e o princípio da integralização do desenvolvimento psicossocial do adolescente.

c) a garantia de acessibilidade, a inclusão digital e o desenvolvimento integral da cidadania.

d) o princípio do desenvolvimento integral, o princípio da autonomia e o princípio do empreendedorismo.

e) a garantia de acesso aos centros de estudo e pesquisa, o bem-estar físico e psíquico e a livre consciência.

Resposta: a alternativa correta é "A".

(TRT 1ª REGIÃO – 2010 – PROVA I – CESPE/UNB) Considere que André, com 17 anos de idade, contratado como aprendiz em determinada empresa, venha apresentando desempenho insuficiente e resultados escolares insatisfatórios. Nessa situação hipotética:

a) o Serviço Nacional de Aprendizagem Industrial, por meio de sua secretaria do trabalho aprendiz, deve inspecionar *in*

loco a empresa e efetuar a recolocação de André em outra empresa conveniada.
b) o contrato de aprendizagem pode ser extinto antecipadamente.
c) a empresa deve arcar com os estudos de André em um dos cursos de capacitação aplicados supletivamente, até que finde o contrato de aprendizagem.
d) a empresa deve encaminhar André ao serviço de acompanhamento escolar oferecido no Conselho Tutelar de sua localidade.
e) a empresa deve comprovar a necessidade de substituir o trabalho de André por serviços técnicos especializados e remanejá-lo para outro setor.

Resposta: a alternativa correta é "B".

(TRT 1ª REGIÃO – 2010 – PROVA I – CESPE/UNB) Para que um adolescente se torne aprendiz é obrigatória sua inscrição em programa de aprendizagem, que pode ser ministrado por escolas técnicas de educação ou por entidades sem fins lucrativos que tenham por objetivo a assistência ao adolescente e a educação profissional, desde que:
a) se encontrem registradas no Cadastro Técnico Federal de Escolas Técnicas de Educação e tenham sido credenciadas pelo Conselho Nacional dos Direitos da Criança e do Adolescente.
b) sejam filiadas ao Comitê Internacional dos Direitos da Criança e do Adolescente, da OIT.
c) estejam registradas no Conselho Municipal dos Direitos da Criança e do Adolescente.
d) haja decisão judicial prolatada pela vara da infância e da juventude, obrigando-as a efetivar a matrícula do aprendiz.
e) seja constatada deficiência cognitiva específica ou habilidade psicomotora no aprendiz que o impeça de executar devidamente o trabalho para o qual foi contratado.

Resposta: a alternativa correta é "C".

(TRT 1ª REGIÃO – 2010 – PROVA II – CESPE/UNB) De acordo com a doutrina jurídica da proteção integral, adotada pelo ECA, as crianças e os adolescentes:

a) devem, em função de sua incapacidade, ser tutelados pelo Estado quando se encontrarem em situação irregular.
b) devem ser protegidos por medidas suplementares, caso se encontrem em situação de risco, enquanto aos demais se aplicam os direitos fundamentais da pessoa humana.
c) possuem direitos e prerrogativas diversas, devendo o Estado conceder às crianças, mas não aos adolescentes, a tutela antecipada de seus direitos fundamentais, o que só pode ocorrer plenamente com a participação do Estado no planejamento familiar.
d) são titulares de direitos, e não objetos passivos.
e) podem responder penalmente pela prática de crimes hediondos, quando em concurso formal com maiores de dezoito anos de idade.

Resposta: a alternativa correta é "D".

(TRT 1ª REGIÃO – 2010 – PROVA II – CESPE/UNB) O trabalho educativo descrito no ECA é:
a) atividade laboral em que as exigências pedagógicas referentes ao desenvolvimento pessoal e social das crianças e adolescentes prevaleçam sobre o aspecto produtivo.
b) atividade laboral desenvolvida em parceria com as instituições de ensino superior que propiciam acesso ao ensino superior aos adolescentes entre dezesseis e dezoito anos de idade com renda familiar inferior a três salários mínimos.
c) trabalho de monitoria de crianças carentes realizado por adolescentes já formados nos cursos de capacitação das escolas técnicas federais.
d) trabalho executado pelos licenciados em pedagogia ou ciência da educação na capacitação de professores da rede pública de ensino.
e) o trabalho prestado por bolsistas do PROUNI nas comunidades carentes destinado a capacitar crianças e adolescentes em atividades extracurriculares e profissionalizantes.

Resposta: a alternativa correta é "A".

(TRT 23ª REGIÃO – 2008 – 1ª ETAPA) Sobre o contrato de aprendizagem assinale a alternativa INCORRETA.

a) a duração do trabalho do aprendiz não excederá de seis horas diárias, sendo vedadas a prorrogação e a compensação de jornada. Contudo, referido limite poderá ser de até oito horas diárias se nele forem computadas as horas destinadas à aprendizagem teórica e o aprendiz já tiver completado o ensino fundamental;
b) poderá celebrar contrato de aprendizagem a pessoa entre quatorze e vinte e quatro anos, salvo os portadores de deficiência, os quais não se sujeitam a essa idade máxima;
c) o contrato de aprendizagem não poderá ser estipulado por mais de dois anos;
d) a ausência injustificada à escola que implique perda do ano letivo é causa de extinção antecipada do contrato de aprendizagem;
e) havendo termo estipulado para o término do contrato de aprendizagem, o empregador que, sem justa causa, despedir o aprendiz, será obrigado a pagar-lhe, a título de indenização, e por metade, a remuneração a que teria direito até o termo do contrato.

Resposta: a alternativa correta é "E".

(TRT 23ª REGIÃO – 2008 – 1ª ETAPA) Sobre os Conselhos Tutelares previstos no Estatuto da Criança e do Adolescente pode-se afirmar:

I – em cada município haverá, no mínimo, um Conselho Tutelar composto de cinco membros, escolhidos pela comunidade local para mandato de três anos, permitida uma recondução;

II – reconhecida idoneidade moral, idade superior a vinte e um anos e residir no município são os requisitos exigidos pelo Estatuto da Criança e do Adolescente para a candidatura a membro do Conselho Tutelar;

III – são atribuições do Conselho Tutelar, dentre outras, expedir notificações, requisitar certidões de nascimento e de óbito de criança e adolescente e determinar a perda do pátrio poder, as quais somente poderão ser revistas pela autoridade judiciária a pedido de quem tenha legítimo interesse;

IV – o local, dia e horário de funcionamento do Conselho Tutelar, inclusive a eventual remuneração de seus membros, serão dispostos em lei municipal.
a) todas as opções estão corretas;
b) apenas três opções estão corretas;
c) apenas duas opções estão corretas;
d) apenas uma opção está correta;
e) todas as opções estão incorretas.

Resposta: a alternativa correta é "B".

(TRT 8ª REGIÃO – JUIZ FEDERAL DO TRABALHO SUBSTITUTO – 2008) À luz da legislação pertinente ao Conselho Tutelar da Criança e do Adolescente, assinale a assertiva INCORRETA:
a) Para a candidatura a membro do Conselho Tutelar é exigido como requisito idade superior a vinte e cinco anos.
b) Constitui atribuição do Conselho Tutelar assessorar o Poder Executivo local na elaboração da proposta orçamentária para planos e programas de atendimento dos direitos da criança e do adolescente.
c) As decisões do Conselho Tutelar somente poderão ser revistas pela autoridade judiciária a pedido de quem tenha legítimo interesse.
d) São impedidos de servir no mesmo conselho cunhados, durante o cunhadio.
e) Lei municipal disporá quanto a eventual remuneração dos membros do Conselho Tutelar.

Resposta: a alternativa correta é "A".

(TRT 5ª REGIÃO – 2006 – PROVA ESCRITA OBJETIVA – PROVA I) Felipe foi contratado pela pessoa jurídica Alfa para exercer a função de auxiliar administrativo, desempenhando suas atividades no departamento de recursos humanos da empresa. Seu regime de trabalho é de oito horas diárias com intervalo para refeição de duas horas, das 12 às 14 horas, de segunda a sexta-feira. Constantemente, Felipe trabalha em jornada extraordinária. Felipe também trabalha de quarta-feira a domingo como caixa de bilheteria de cinema localizado em um shopping center, com jornada de trabalho que se inicia às 20 e termina às 24 horas. Felipe tem 17 anos de idade. Com base na ordenação normativa vigente e com referência à situação hipotética apresentada, assinale a opção correta.

a) Felipe não poderia ser contratado para o desempenho de trabalho noturno. A decretação da nulidade do contrato celebrado entre a empresa administradora do cinema e Felipe produz efeitos *ex tunc*.

b) De acordo com a legislação trabalhista em vigor, não é permitido o trabalho de menor em cinemas, ressalvada a hipótese de expressa autorização pelo Conselho Tutelar de Direitos da Criança e do Adolescente e desde que se certifique que o menor necessita do trabalho para sua subsistência ou a de seus familiares e que não advirá qualquer prejuízo à sua formação moral.

c) É vedado o trabalho exercido por Felipe em sobrejornada, sendo nula qualquer convenção ou acordo coletivo de trabalho que verse sobre a prorrogação da jornada do trabalho do menor, ou que estabeleça regime de compensação de horas extraordinárias.

d) O Conselho Tutelar e de Direitos da Criança e do Adolescente poderá adotar medidas de proteção ao menor, se verificar que Felipe está sendo prejudicado de qualquer forma em seus direitos fundamentais no exercício de tais atividades profissionais, não sendo sua decisão passível de ser revista judicialmente.

e) O trabalho desempenhado por Felipe como caixa de bilheteria de cinema às quartas, quintas e sextas-feiras é considerado extraordinário.

Resposta: a alternativa correta é "E"

(TRT 8ª REGIÃO – 2005 – JUIZ DO TRABALHO – 1ª ETAPA) Ante as afirmações abaixo:

I – O poder disciplinar do empregador, prerrogativa contida no seu poder empregatício, e o *jus resistentiae* do empregado constituem elementos concorrentes para o equilíbrio do contrato de trabalho.

II – Após a contratação, é vedado ao empregador modificar as condições iniciais do ajuste, salvo interferência do sindicato de classe do obreiro.

III – Ao menor que exceder sua jornada fica assegurada a compensação imediata, de modo a não ultrapassar o limite semanal.

IV – Comprovada em juízo a falta grave praticada pelo empregado, está o empregador livre de qualquer indenização, podendo inclusive apor anotação nesse sentido na CTPS do trabalhador.

V – Aos trabalhadores em regime de tempo parcial é assegurado o trabalho em horas extraordinárias, mas nesse caso o percentual de acréscimo deve ser o dobro do previsto para os trabalhadores de tempo integral.
a) estão corretas as afirmativas I e III.
b) todas as afirmativas estão corretas.
c) estão corretas as afirmativas I, III e V.
d) estão incorretas as afirmativas III e IV.
e) todas as afirmativas estão incorretas.

Resposta: a alternativa correta é "A".

(TRT 8ª REGIÃO – 2005 – JUIZ DO TRABALHO – 1ª ETAPA) Sobre pessoas no direito civil, é correto afirmar:

I – Toda pessoa é sujeito de direito e dotada de personalidade. O novo Código Civil introduziu no Direito brasileiro, pela primeira vez, a contemplação e proteção jurídica dos direitos da personalidade e que são os direitos próprios da existência humana, tais como identidade genética, liberdade, sociabilidade, honra e autoria.

II – A pessoa menor, com 16 anos, pode ser emancipada, por escritura púbica, pela concessão dos pais, ou de um deles na falta do outro, dependendo sempre de homologação judicial, ou, ainda, por sentença de juiz, ouvido o tutor, no caso de o menor viver sob tutela.

III – Com a ausência de personalidade, a pessoa jurídica está impedida de agir, não podendo acionar nem seus sócios, nem terceiros, mas a irregularidade da sociedade ocasiona comunhão patrimonial e jurídica entre os sócios, podendo estes ser demandados judicialmente.

IV – Para a teoria da ficção da pessoa jurídica, defendida por Savigny, somente o homem pode ser titular de direitos, porque só ele tem existência real e psíquica. Quando se atribuem direitos à pessoa jurídica, trata-se de simples criação da mente humana, sendo uma ficção jurídica.

V – Pelas fundações vela o Ministério Público estadual onde situadas. Caso a fundação estenda sua atividade a mais de um estado, ou se estiver situada no Distrito Federal, ou território, caberá ao Ministério Público federal tal incumbência.
a) As alternativas I e II estão corretas.
b) As alternativas III e IV estão corretas.
c) As alternativas IV e V estão incorretas.
d) As alternativas II e V estão corretas.
e) As alternativas I e IV estão incorretas.

Resposta: a alternativa correta é "B".

(TRT 8ª REGIÃO – 2005 – JUIZ DO TRABALHO – 1ª ETAPA) De acordo com o art. 7º da atual Constituição Federal, são direitos dos trabalhadores urbanos e rurais:

I – Proibição de trabalho noturno, extraordinário, perigoso ou insalubre a menores de dezoito e de qualquer trabalho a menores de dezesseis anos, salvo na condição de aprendiz, a partir de quatorze anos.

II – Salário mínimo, fixado em lei, nacionalmente unificado, capaz de atender a suas necessidades vitais básicas e às de sua família com moradia, alimentação, educação, saúde, lazer, vestuário, higiene, transporte e previdência social, com reajustes periódicos que lhe preservem o poder aquisitivo.

III – Piso salarial proporcional à extensão e à complexidade do trabalho.

IV – Irredutibilidade do salário, salvo o disposto em convenção ou acordo coletivo.

V- Participação nos lucros, ou resultados, vinculada na remuneração e, excepcionalmente, participação na gestão da empresa, conforme definido em lei.
a) Todas as alternativas estão corretas.
b) Somente as alternativas I e V estão erradas.
c) Somente as alternativas II, III e V estão certas.
d) As alternativas I, II e IV estão erradas.
e) A única alternativa certa é a II.

Resposta: a alternativa correta é "B".

(TRT 8ª REGIÃO – 2005 – JUIZ DO TRABALHO – 2ª ETAPA) João Pequeno, de dezessete anos de idade, foi empregado da Panificadora "Esquina do Pão" pelo período de 1º.04.2005 até 31.07.2005, ocasião em que foi dispensado sem justa causa, com aviso prévio indenizado e sem ter recebido corretamente as horas extraordinárias trabalhadas. Em razão da prescrição, o autor poderá ajuizar a correspondente ação até?
a) 31/7/2007.
b) 1º/8/2007.
c) 31/7/2010.
d) Não fluirá a prescrição, em se tratando de menor de 18 (dezoito) anos.
e) Não fluirá a prescrição, pois o contrato de trabalho deverá ser declarado nulo em se tratando de trabalho de menor de 18 (dezoito) anos.

Resposta: a alternativa correta é "D".

(TRT 8ª REGIÃO – 2005 – JUIZ DO TRABALHO – 2ª ETAPA) São hipóteses de cessação da menoridade, exceto:
a) O casamento.
b) O exercício do direito de voto.
c) O exercício de qualquer cargo ou emprego público efetivo.
d) O estabelecimento civil ou comercial ou pela existência de relação de emprego desde que, em função dele, o menor de dezesseis anos completos tenha economia própria.
e) A colação de grau em curso de ensino superior.

Resposta: a alternativa correta é "B".

(TRT 9ª REGIÃO – 2009 – 1ª PROVA – 1ª ETAPA) Considere as seguintes proposições:
I – O ordenamento jurídico brasileiro proíbe qualquer trabalho ao menor de 16 anos, salvo na condição de aprendiz ou estagiário, a partir de 14 anos, e o trabalho noturno, perigoso ou insalubre ao menor de 18 anos.
II – O responsável legal pelo empregado menor de 18 anos pode pleitear a extinção do contrato de trabalho, desde que o serviço execu-

tado possa acarretar prejuízos de ordem física ou moral ao trabalhador, exceto se o empregador fornecer equipamentos de proteção individual.

III – O contrato de trabalho mantido com empregado menor de 16 anos preservará todos os efeitos do contrato de trabalho válido, mesmo quando o objeto for ilícito, já que se trata de "incapacidade de proteção".

IV – Contra os menores de 18 anos não corre nenhum prazo de prescrição em ação trabalhista na condição de empregado.

V – É lícito ao menor de 18 anos firmar recibo pelo pagamento dos salários, mas lhe é vedado dar quitação ao empregador em rescisão do contrato de trabalho sem assistência de seus responsáveis legais, exceto quando o contrato de trabalho teve duração menor do que um ano.

a) todas as proposições são corretas
b) somente quatro proposições são corretas
c) somente três proposições são corretas
d) somente duas proposições são corretas
e) somente uma proposição é correta

Resposta: a alternativa correta é "E".

(TRT 9ª REGIÃO – 2009 – 1ª PROVA – 1ª ETAPA) Considere as seguintes proposições:

I – O contrato de aprendizagem extinguir-se-á quando: atingido o termo do período contratual estipulado de até dois anos; completados 24 anos de idade pelo aprendiz, exceto quando portador de deficiência, em que não existe idade máxima para aprendizagem; o aprendiz tiver desempenho insuficiente ou não se adaptar; ocorrer falta disciplinar grave; o aprendiz tiver ausência injustificada à escola que implique perda do ano letivo; o aprendiz pedir demissão, ou for dispensado sem justa causa, hipóteses em que serão devidas as indenizações cabíveis para extinção antecipada de contrato com prazo determinado.

II – A contratação do aprendiz poderá ser efetivada pela empresa onde se realizará a aprendizagem ou por escolas técnicas de educação e entidades sem fins lucrativos qualificadas em formação técnico-profissional metódica, mas nesse caso não haverá relação de emprego com a empresa tomadora dos serviços, embora seja possível sua responsabilização subsidiária por eventual crédito trabalhista inadimplido.

III – Os agentes de integração serão responsabilizados civilmente se indicarem estagiários para a realização de atividades não compatíveis com a programação curricular estabelecida para cada curso, assim como estagiários matriculados em cursos ou instituições para os quais não há previsão de estágio curricular.
IV – A nova lei do estágio (Lei nº 11.778/08) assegura ao estagiário que receba bolsa ou outra forma de contraprestação e um período remunerado de 30 dias de recesso, com acréscimo de um terço, preferencialmente em suas férias escolares, quando o estágio tenha duração igual ou superior a um ano, e dias de recesso proporcionais no caso de o estágio ter duração inferior a um ano.
V – O serviço voluntário prestado por pessoa física a entidade pública de qualquer natureza, ou a instituição privada de fins não lucrativos, que tenha objetivos cívicos, culturais, educacionais, científicos, recreativos ou de assistência social, inclusive mutualidade, e que não seja remunerado, não gera vínculo empregatício, nem obrigação de natureza trabalhista, previdenciária ou afim.
a) somente as proposições I, II e III estão corretas
b) somente as proposições II, III e V estão corretas
c) somente as proposições I e IV estão corretas
d) somente as proposições II, IV e V estão corretas
e) todas as proposições estão corretas

Resposta: a alternativa correta é "B".

(TRT 9ª REGIÃO – 2009 – 1ª PROVA – 1ª ETAPA) Assinale a proposição correta:
a) O trabalho ilícito e o trabalho proibido acarretam as mesmas consequências para a relação de emprego.
b) Conforme orientação jurisprudencial do TST, a relação de trabalho entre o apontador do jogo do bicho e o dono da banca deve ser preservada para os efeitos trabalhistas.
c) É exemplo de trabalho proibido por lei aquele prestado por estrangeiro com visto de turista.
d) É ilícito o trabalho prestado por menor de 18 anos em atividades insalubres.
e) A relação de emprego entre marido e mulher é proibida.

Resposta: a alternativa correta é "C".

(TRT 9ª REGIÃO – 2009 – 1ª PROVA – 1ª ETAPA) A alíquota do depósito ao Fundo de Garantia por Tempo de Serviço (FGTS) devida ao empregado aprendiz é de:
a) 8% da remuneração
b) 6% da remuneração
c) 4% da remuneração
d) 3% da remuneração
e) 2% da remuneração

Resposta: a alternativa correta é "C".

(TRT 9ª REGIÃO – 2009 – 1ª PROVA – 1ª ETAPA) Considere as seguintes proposições:

I – Não é aplicável às pessoas jurídicas de direito público (União, estados, Distrito Federal, municípios e às suas autarquias e fundações) que não observam os prazos para pagamento das verbas rescisórias a penalidade prevista no parágrafo 8º do art. 477 da CLT.

II – O empregado com um ano ou menos de serviço pode firmar pedido de demissão e recibo relativo às verbas rescisórias, sem que haja necessidade da assistência administrativa prestada pelo sindicato obreiro, órgão local do Ministério do Trabalho e Emprego, e onde inexistentes estes, pelo Ministério Público ou Defensor Público e, na falta ou impedimento destes, pelo juiz de paz. Não obstante, configura-se como exceção a tal regra o pedido de demissão do empregado dirigente sindical com um ano ou menos de serviço, o qual deverá contar com a assistência administrativa mencionada.

III – O trabalhador menor de 18 anos, aprendiz ou não, muito embora possa, sozinho, firmar recibos de pagamentos salariais vencidos ao longo do contrato de emprego, quando da rescisão contratual, independentemente do tempo de serviço, necessita da assistência de seu responsável legal.

IV – O aviso prévio é irrenunciável. Assim, tendo o empregado pedido demissão e concedido aviso prévio ao empregador, não é possível que este o libere do cumprimento.

a) somente são corretas as proposições I, II e IV

b) somente são corretas as proposições II e III
c) somente são corretas as proposições III e IV
d) somente são corretas as proposições I e II
e) somente são corretas as proposições I e IV

Resposta: a alternativa correta é "B".

(TRT 9ª REGIÃO – 2009 – 1ª PROVA – 1ª ETAPA) Considere as proposições abaixo:
   I – O cônjuge, a companheira, o companheiro e o filho não emancipado, de qualquer condição, menor de 21 anos ou maior, desde que estudante ou inválido, são beneficiários do Regime Geral de Previdência Social, na condição de dependentes.
   II – O enteado e o menor tutelado, ainda que dependentes economicamente do segurado, uma vez que não são filhos deste, não poderão figurar como beneficiários do Regime Geral de Previdência Social na condição de dependentes.
   III – O auxílio-acidente é benefício previdenciário devido inclusive ao segurado empregado doméstico.
   IV – Equipara-se também ao acidente do trabalho, para fins previdenciários, o acidente sofrido pelo segurado, ainda que fora do local e horário de trabalho, em viagem a serviço da empresa, inclusive para estudo quando financiada por esta dentro de seus planos para melhor capacitação da mão de obra, independentemente do meio de locomoção utilizado, inclusive veículo de propriedade do segurado.
a) somente as proposições I e II são corretas
b) somente as proposições I, II e III são corretas
c) somente as proposições II, III e IV são corretas
d) somente a proposição IV é correta
e) somente as proposições III e IV são corretas

Resposta: a alternativa correta é "D".

(TRT 9ª REGIÃO – 2009 – 1ª PROVA – 2ª ETAPA) Considere as proposições a seguir:
   I – Compete ao Poder Público a organização da seguridade social, observados, dentre outros, os seguintes objetivos: universali-

dade da cobertura e do atendimento, irredutibilidade do valor dos benefícios, caráter democrático e descentralizado da gestão administrativa, mediante a gestão quadripartite, com a participação dos trabalhadores, dos empregadores, dos aposentados e do governo nos órgãos colegiados.

II – A Constituição Federal garantiu ampla defesa a somente duas espécies de entidades familiares, quais sejam: a constituída pelo casamento civil ou religioso com efeitos civis; a constituída pela união estável entre o homem e a mulher, devendo a lei facilitar sua conversão em casamento. A comunidade formada por qualquer dos pais e seus descendentes, muito embora receba proteção, não é considerada constitucionalmente como entidade familiar.

III – As terras ocupadas pelos índios integram os bens da União, são inalienáveis, indisponíveis, e os direitos sobre as mesmas, imprescritíveis. Não obstante, possível é, nas terras indígenas, o aproveitamento dos recursos hídricos, incluídos os potenciais energéticos, a pesquisa e a lavra das riquezas minerais, desde que autorizados pelo Congresso Nacional, ouvidas as comunidades afetadas, ficando-lhes assegurada participação nos resultados da lavra, na forma da lei.

IV – Os pais têm dever de assistir, criar e educar os filhos menores. No entanto, inexiste previsão constitucional de dever dos filhos maiores de amparar os pais na velhice, sendo esta obrigação somente do Poder Público através da seguridade social.

a) todas as proposições são corretas
b) somente são corretas as proposições I e III
c) somente são corretas as proposições I, II e III
d) somente são corretas as proposições II, III e IV
e) somente são corretas as proposições III e IV

Resposta: a alternativa correta é "B".

(TRT 1ª REGIÃO – 2008 – ETAPA 1) De acordo com a legislação em vigor, com relação ao trabalho rural, é equivocado dizer que:

a) A contratação de trabalhador rural por pequeno prazo que, dentro do período de 1 (um) ano, superar 2 (dois)
meses fica convertida em contrato de trabalho por prazo indeterminado, observando-se os termos da legislação aplicável.

b) O contrato de trabalho por pequeno prazo deverá ser formalizado mediante a inclusão do trabalhador na GFIP e a anotação na Carteira de Trabalho e Previdência Social e em Livro ou Ficha de Registro de Empregados; ou mediante contrato escrito, em 2 (duas) vias, uma para cada parte, onde conste, no mínimo: expressa autorização em acordo coletivo ou convenção coletiva; identificação do produtor rural e do imóvel rural onde o trabalho será realizado e indicação da respectiva matrícula, assim como a identificação do trabalhador, com indicação do respectivo Número de Inscrição do Trabalhador – NIT.

c) A cessão, pelo empregador, de moradia e de sua infraestrutura básica, assim como de bens destinados à produção para a subsistência do trabalhador rural e de sua família, nunca integra o salário.

d) Toda propriedade rural que mantenha a seu serviço ou trabalhando em seus limites mais de cinquenta famílias de trabalhadores de qualquer natureza é obrigada a possuir e conservar em funcionamento escola primária, inteiramente gratuita, para os filhos destes, com tantas classes quantos sejam os filhos destes, com tantas classes quantos sejam os grupos de quarenta crianças em idade escolar.

e) Salvo as hipóteses de autorização legal ou decisão judiciária, só poderão ser descontadas do empregado rural as seguintes parcelas, calculadas sobre o salário mínimo: até o limite de 20% (vinte por cento) pela ocupação da morada; até o limite de 25% (vinte e cinco por cento) pelo fornecimento de alimentação sadia e farta, atendidos os preços vigentes na região; adiantamentos em dinheiro. As deduções anteriormente especificadas deverão ser previamente autorizadas, sem o que serão nulas de pleno direito.

Resposta: a alternativa correta é "C".

(TRT 9ª REGIÃO – 2009 – 1ª PROVA – 1ª ETAPA) Com relação à legislação que cuida do estágio de estudante, é correto afirmar que:
a) Poderá ser unidade gestora do estágio qualquer órgão ou entidade da administração pública direta ou indireta, autárquica ou fundacional, empresa pública ou sociedade de economia

mista, de qualquer esfera de governo, inclusive instituição oficial de educação profissional e tecnológica, ou entidade privada sem fins lucrativos que possua comprovada experiência em gestão de projetos educacionais ou gestão em negócios sociais.

b) O contrato de aprendizagem é o contrato de trabalho especial, ajustado por escrito e por prazo determinado, em que o empregador se compromete a assegurar ao maior de 14 (quatorze) e sempre ao menor de 24 (vinte e quatro) anos inscrito em programa de aprendizagem formação técnico-profissional metódica compatível com o seu desenvolvimento físico, moral e psicológico, e o aprendiz, a executar com zelo e diligência as tarefas necessárias a essa formação.

c) A formação técnico-profissional a que se refere a legislação caracteriza-se por atividades teóricas e práticas, metodicamente organizadas em tarefas de complexidade progressiva, desenvolvidas no ambiente de trabalho ou em sítio da internet para os cursos a longa distância.

d) A duração do trabalho do aprendiz não excederá de seis horas diárias, sendo vedadas a prorrogação e a compensação de jornada, salvo motivo de força maior.

e) Nas localidades onde não houver oferta de ensino para matrícula, poderá ocorrer sem a frequência do aprendiz à escola, desde que ele já tenha concluído o ensino fundamental.

Resposta: a alternativa correta é "E".

(TRT 1ª REGIÃO – 2008 – 1ª PROVA – 1ª ETAPA) Com relação à criança, ao adolescente, ao idoso e à família, de acordo com a Constituição Federal, é incorreto dizer:

a) O Estado assegurará a assistência à família na pessoa de cada um dos que a integram, criando mecanismos para coibir a violência no âmbito de suas relações.

b) Os pais têm o dever de assistir, criar e educar os filhos menores, e os filhos maiores têm o dever de ajudar e amparar os pais na velhice, carência ou enfermidade.

c) Fundado nos princípios da dignidade da pessoa humana e da paternidade responsável, o planejamento familiar é livre decisão

do casal, competindo ao Estado propiciar recursos educacionais e científicos para o exercício desse direito, vedada qualquer forma coercitiva por parte de instituições oficiais ou privadas.
d) O casamento é civil e gratuita a celebração aos que comprovarem insuficiência de recursos.
e) O direito a proteção especial da criança e do adolescente abrangerá, dentre outros aspectos, a idade mínima de quatorze anos para admissão ao trabalho, observado o disposto no art. 7º, XXXIII.

Resposta: a alternativa correta é "C".

(TRT 3ª REGIÃO – 2007 – 1ª PROVA) Após análise das proposições abaixo, marque a alternativa correta:

I – Se o empregado recebe gratificação de função por mais de dez anos e, em seguida, é revertido a seu cargo efetivo, sem justo motivo, não poderá o empregador suprimir o seu pagamento, em virtude do princípio da estabilidade financeira.

II – A caracterização do cargo de confiança bancário é específica, mesmo porque os poderes de mando que lhe são exigidos são menos extensos do que os do cargo de confiança geral, e a gratificação não pode ser inferior a trinta por cento do salário.

III – Quando o bancário é gerente-geral de agência, presume-se que exerça encargo de gestão e então ele, em princípio, não tem direito a horas extras.

IV – O estagiário se difere do aprendiz, porque o primeiro é empregado e o segundo procura uma formação de caráter teórico ao lado da prática.

V – O empregado doméstico é um empregado não eventual que presta serviços à pessoa ou família sem finalidade lucrativa, no âmbito residencial.

a) As afirmativas I, II, IV e V são falsas.
b) As afirmativas II, IV e V são falsas.
c) As afirmativas I, III, IV e V são falsas.
d) As afirmativas I, III e V são falsas.
e) As afirmativas II, III, IV e V são falsas.

Resposta: a alternativa correta é "B".

(TRT 3ª REGIÃO - 2007 - 1ª PROVA) Analise as seguintes proposições:

I – A sentença normativa é uma decisão proferida pelos Tribunais Regionais do Trabalho ou pelo Tribunal Superior do Trabalho em processo resultante de dissídio coletivo e classicamente definida como tendo "corpo de sentença, alma de lei".

II – O regulamento de empresa poderá ser modificado unilateralmente, mas deve ser preservado o direito contratualmente adquirido, em virtude do princípio da norma mais favorável.

III – Mãe social é a empregada que se dedica à assistência ao menor abandonado, exercendo o encargo em nível social, dentro do sistema de casas-lares, onde residem até 05 (cinco) menores, e sob o regime de uma legislação específica que não prevê o direito ao recebimento de horas extras ou adicional noturno.

IV – A mãe social tem, nos termos da lei, dentre outros direitos, os de anotação na Carteira do Trabalho e Previdência Social, repouso semanal remunerado, FGTS, 13º salário e férias anuais remuneradas de 30 dias.

V – O índio poderá firmar validamente contrato de trabalho quando estiver integrado, isto é, incorporado à comunhão nacional e reconhecido no pleno exercício dos direitos civis, ainda que conserve usos, costumes e tradições característicos da sua cultura.

Assinale a alternativa correta:
a) Todas as afirmativas estão corretas.
b) Somente estão corretas as afirmativas I, II, IV e V.
c) Somente estão corretas as afirmativas I, IV e V.
d) Somente estão corretas as afirmativas II, IV e V.
e) Somente estão corretas as afirmativas I, II, III e V.

Resposta: a alternativa correta é "C".

(TRT 3ª REGIÃO - 2007 - 1ª PROVA) Assinale a alternativa correta após leitura e análise das afirmativas seguintes:

I – Serviço voluntário é aquele prestado por pessoa física a entidade pública de qualquer natureza ou a instituição privada de fins não lucrativos que tenha objetivos cívicos, culturais, educacionais, científicos, recreativos ou de assistência social, inclusive mutualidade, mediante celebração de termo de adesão entre as partes, dele devendo constar o objeto e as condições de seu exercício.

II – O serviço voluntário não gera obrigação de natureza trabalhista, mas o prestador de serviço poderá ser ressarcido pelas despesas que comprovadamente realizar no desempenho das atividades voluntárias, desde que expressamente autorizadas pela entidade a que for prestado o serviço.

III – Para ser considerado estagiário, o estudante deve estar regularmente matriculado e com frequência efetiva em cursos de nível superior, médio, de educação profissional de nível médio ou superior ou escolas de educação especial.

IV – Em virtude da vedação ao trabalho infantil, o trabalhador, para ser aprendiz, deve, além de ter idade mínima de dezesseis anos, receber formação técnico-profissional metódica, compatível com o seu desenvolvimento físico, moral e psicológico.

V – A aprendizagem não poderá durar mais de dois anos.

a) Uma afirmativa é incorreta.
b) Duas afirmativas são incorretas.
c) Três afirmativas são incorretas.
d) Quatro afirmativas são incorretas.
e) Todas as afirmativas são incorretas.

Resposta: a alternativa correta é "A".

(TRT 3ª REGIÃO – 2007 – 1ª PROVA) Após leitura das proposições abaixo, assinale a alternativa correta:

I – A jornada de trabalho do aprendiz deve observar o limite de seis horas, salvo quando já concluído o ensino fundamental, caso em que o limite pode ser estendido até oito horas, se nelas forem computadas as horas destinadas à aprendizagem teórica, enquanto que a jornada do estagiário deverá compatibilizar-se com o seu horário escolar.

II – O adolescente menor de dezoito anos não poderá firmar recibo de pagamento de salários, nem de quitação quando da ruptura contratual.

III – As comissões de conciliação prévia podem ser instituídas no âmbito da empresa ou do sindicato. Caso existam, na mesma localidade e para a mesma categoria, comissão de empresa e comissão de sindicato, o interessado optará por uma delas para submeter a sua demanda, sendo competente aquela que primeiro conhecer do pedido.

IV – O termo de acordo lavrado perante a Comissão de Conciliação Prévia é considerado título executivo judicial.

V – O contrato de trabalho celebrado por menor de dezesseis anos é nulo, mas o tomador deverá pagar todas as verbas decorrentes de um contrato de trabalho válido, porque a nulidade trabalhista somente produz efeitos "ex nunc".
a) Apenas uma alternativa é verdadeira.
b) Apenas duas alternativas são verdadeiras.
c) Apenas três alternativas são verdadeiras.
d) Apenas quatro alternativas são verdadeiras.
e) Todas as alternativas são verdadeiras.

Resposta: a alternativa correta é "C".

(TRT 3ª REGIÃO – 2007 – 1ª PROVA) Acerca do trabalho infantil, analise as proposições abaixo e, em seguida, assinale a alternativa correta:
I – O Brasil ratificou as Convenções 138 e 182 da Organização Internacional do Trabalho, consideradas fundamentais.
II – Segundo a Convenção 138 da OIT, a idade mínima geral para admissão no emprego ou no trabalho é de 15 anos, admitidas exceções para serviços leves ou perigosos.
III – Estão incluídos no campo de aplicação da Convenção 138 os aprendizes.
IV – Quando a economia e as condições de ensino de um estado-membro não estiverem
suficientemente desenvolvidas, a Convenção 138 permite o trabalho infantil em serviços leves a partir de 12 anos.
V – Entre as piores formas de trabalho infantil, na forma da Convenção 182 da OIT, está o trabalho infantil doméstico, ainda que remunerado.
a) Se apenas as afirmativas III e IV forem falsas;
b) Se apenas as afirmativas IV e V forem falsas;
c) Se apenas as afirmativas I e II forem falsas;
d) Se apenas as afirmativas III e V forem falsas;
e) Se todas as alternativas anteriores forem falsas.

Resposta: a alternativa correta é "D".

(TRT 3ª REGIÃO – 2007 – 1ª PROVA) Quanto ao trabalho do menor e da mulher, não se pode afirmar que:

a) no caso de adoção de criança a partir de 1 ano até 4 anos de idade, o período de licença-maternidade será de 120 dias.

b) ressalvadas as disposições legais destinadas a corrigir as distorções que afetam o acesso da mulher ao mercado de trabalho e certas especificidades estabelecidas nos acordos trabalhistas, é vedado proceder o empregador ou preposto a revistas íntimas nas empregadas ou funcionárias.

c) constitui crime a exigência de teste, exame, perícia, laudo, atestado, declaração ou qualquer outro procedimento relativo à esterilização ou a estado de gravidez.

d) ao empregador é vedado empregar a mulher em serviço que demande o emprego de força muscular superior a 20 quilos, para o trabalho contínuo, ou 25 quilos, para o trabalho ocasional.

e) ao responsável legal do menor é facultado pleitear a extinção do contrato de trabalho, desde que o serviço possa acarretar para ele prejuízos de ordem física ou moral.

Resposta: a alternativa correta é "A".

(TRT 3ª REGIÃO – 2007 – 1ª PROVA) Acerca das convenções e recomendações internacionais do trabalho, leia as afirmações abaixo e, em seguida, assinale a alternativa correta:

I – As convenções constituem tratados multilaterais abertos à ratificação dos Estados-membros da OIT.

II – A vigência internacional da convenção constitui condição a respeito da qual deve expressamente dispor o próprio diploma aprovado pela conferência.

III – Para os fins da convenção sobre as piores formas de trabalho infantil, essa expressão compreende: todas as formas de escravidão ou práticas análogas à escravidão, como venda e tráfico de crianças, sujeição por dívida, servidão, trabalho forçado ou compulsório, inclusive recrutamento forçado ou compulsório de crianças para serem utilizadas em conflitos armados; utilização, demanda e oferta de criança para fins de prostituição, produção de material pornográfico ou espetáculos pornográficos; utilização, demanda e oferta de criança para atividades ilícitas, particularmente para a produção e tráfico de drogas conforme definidos nos tratados internacionais pertinentes; trabalhos que, por sua natureza ou pelas circunstâncias em que são executados, são susceptíveis de prejudicar a saúde, a segurança e a moral da criança.

IV – Nos termos da Convenção 138 da OIT, a idade mínima geral para admissão do trabalho não será inferior à idade de conclusão da escolaridade compulsória ou, em qualquer hipótese, não inferior a 16 anos, não admitidas exceções.

V – São consideradas fundamentais as convenções acerca dos seguintes temas: trabalho forçado, trabalho infantil, discriminação e liberdade sindical e negociação coletiva.

a) Somente uma afirmativa está correta.
b) Somente duas afirmativas estão corretas.
c) Somente três afirmativas estão corretas.
d) Somente quatro afirmativas estão corretas.
e) Todas as afirmativas estão corretas.

Resposta: a alternativa correta é "D".

(TRT 3ª REGIÃO – 2007 – 1ª PROVA) Sobre a aprendizagem, leia as afirmações abaixo e, em seguida, assinale a alternativa correta:

I – O direito do trabalho brasileiro somente admite a aprendizagem, nos termos da lei, a partir dos 14 anos, porque essa é a idade a partir da qual é permitida a formação profissional, e até os 22 anos.

II – São compromissos do aprendiz executar, com zelo e diligência, as tarefas necessárias à sua formação técnico-profissional.

III – A desconformidade da aprendizagem com a lei implica vínculo de emprego do aprendiz com o tomador de serviços.

IV – O aprendiz deverá receber bolsa ou outra forma de contraprestação que venha a ser acordada, sendo compulsória sua concessão, bem como a do auxílio-transporte.

V – Quando o aprendiz é portador de deficiência, a aprendizagem poderá ultrapassar o prazo legal, desde que não supere o período máximo de dois anos.

a) Somente uma afirmativa está correta.
b) Somente duas afirmativas estão corretas.
c) Somente três afirmativas estão corretas.

d) Somente quatro afirmativas estão corretas.
e) Todas as afirmativas estão corretas.

Resposta: a alternativa correta é "A".

(TRT 3ª REGIÃO – 2007 – 1ª PROVA) Assinale a assertiva ("a" a "e") correta em relação aos enunciados de I a V, observadas a legislação pertinente e a consolidação jurisprudencial do c. TST:

I – O contrato de trabalho especial firmado entre empresa e menor de 14 (quatorze) anos, com duração prevista de 12 (doze) meses, sob a modalidade de aprendiz, sem a regular inscrição em programa de aprendizagem desenvolvido sob orientação de entidade qualificada em formação técnico-profissional metódica, em razão do limite de idade estabelecido pelo inciso XXXIII do art. 7º da Constituição, é nulo de pleno direito, não gerando quaisquer efeitos;

II – A contratação de servidor público, após a Constituição de 1988, sem aprovação prévia em concurso público ofende o disposto no art. 37, § 2º, implicando imediata cessação da prestação laboral, gerando efeitos trabalhistas durante sua vigência, negando-se, entretanto, o direito a verbas rescisórias próprias à dispensa sem justa causa;

III – Ao bancário que exerce cargo de confiança previsto no art. 224, § 2º, da CLT, no período em que se verificar pagamento a menor da gratificação de 1/3, é devido o pagamento como horas extras das 7ª e 8ª horas, conforme sumulado pelo c. TST;

V – Por ser expressamente vedado o vínculo de emprego entre policial militar e empresa privada, sendo ilícita, portanto, a relação empregatícia, não há que se falar em seu reconhecimento, ainda que preenchidos os requisitos dos artigos 2º e 3º da CLT.

V – Segundo o direito do trabalho pátrio, é eivado de nulidade, com amparo nos artigos 9º e 444 da CLT, todo ato de renúncia promovido individualmente pelo trabalhador, por ofensivo ao princípio da indisponibilidade.

a) somente um enunciado é verdadeiro
b) somente dois enunciados são verdadeiros
c) somente três enunciados são verdadeiros
d) somente quatro enunciados são verdadeiros
e) todos os enunciados são verdadeiros

Resposta: a alternativa correta é "A".

(TRT 3ª REGIÃO – 2007 – 1ª PROVA) Assinale a assertiva ("a" a "e") correta em relação aos enunciados de I a V, observadas a legislação pertinente e a consolidação jurisprudencial do c. TST:

I – Ao estagiário é assegurado, sempre que o estágio tenha duração igual ou superior a 1 (um) ano, o direito a um período de férias de 30 (trinta) dias, a ser gozado preferencialmente durante recesso escolar, cuja remuneração será acrescida do terço constitucional.

II – Deverá o educando inscrever-se e contribuir como segurado obrigatório do Regime Geral de Previdência Social.

III – Fica assegurado às pessoas portadoras de deficiência o percentual de 10% (dez por cento) das vagas oferecidas pela parte concedente do estágio.

IV – A manutenção de estagiários em desconformidade com a legislação pertinente caracteriza vínculo de emprego do educando com a parte concedente do estágio para todos os fins da legislação trabalhista e previdenciária, sendo que a instituição pública ou privada que reincidir na irregularidade da contratação de estagiários ficará impedida de recebê-los por dois anos, contados da data da decisão definitiva do processo administrativo correspondente.

V – Se a instituição de ensino adotar verificações de aprendizagem periódicas ou finais nos períodos de avaliação, a carga horária do estágio será reduzida pelo menos à metade, segundo estipulado no termo de compromisso, para garantir o bom desempenho do estudante.

a) somente um enunciado é verdadeiro
b) somente dois enunciados são verdadeiros
c) somente três enunciados são verdadeiros
d) somente quatro enunciados são verdadeiros
e) todos os enunciados são verdadeiros

Resposta: a alternativa correta é "C".

Exercícios de fixação

1) Assinale a alternativa correta.
   a) A criança e o adolescente gozam de alguns direitos fundamentais.
   b) É dever somente da família assegurar os direitos referentes à vida, à saúde, à alimentação e à educação.
   c) É dever somente do poder público assegurar o direito à saúde e à educação.
   d) Nenhuma criança ou adolescente será objeto de qualquer forma de negligência, discriminação, exploração, violência, crueldade e opressão.

2) Analise as afirmações abaixo e assinale a alternativa correta:
   a) A Constituição Federal brasileira de 1988 adotou inicialmente a doutrina da situação irregular.
   b) A adoção da doutrina da proteção integral, prevista na Constituição Federal de 1988 e no Estatuto da Criança e do Adolescente, revogou a legislação em vigor à época, ou seja, o Código de Menores de 1979, que se baseava na doutrina da situação irregular.
   c) O Estatuto da Criança e do Adolescente não prevê proteção a criança indígena, uma vez que esta já tem a garantia do Estatuto do Índio.
   d) Os hospitais e demais estabelecimentos de atenção à saúde de gestante, sejam públicos ou particulares, não são obrigados a manter registro das atividades desenvolvidas por meio de prontuários individuais, em razão da escassez de verbas para manter tal registro.

3) Segundo a doutrina da proteção integral, recepcionada pelo sistema normativo brasileiro, podemos considerar como verdadeiro:
   a) À criança a quem se atribua a prática de ato infracional deverão ser aplicadas, isolada ou cumulativamente, as medidas protetivas previstas no art. 101 da Lei nº 8.069/1990.
   b) Trata-se de um sistema tutelar adotado pelo Código de Menores de 1979 e ratificado pelo Estatuto da Criança e do Adolescente de 1990.
   c) Implica a adoção do sistema do discernimento, uma vez que o Estatuto da Criança e do Adolescente considera criança a pessoa de até doze anos de idade incompletos, e adolescente aquela entre doze e dezoito anos de idade.
   d) Resume toda a área de atuação dos direitos infanto-juvenis nas medidas de proteção, sendo que as medidas socioeducativas, por implicarem penalização dos atos praticados por adolescentes, serão da competência do juiz que atua na vara criminal.

4) O Estatuto da Criança e do Adolescente determina (assinale a alternativa verdadeira):
   ( ) A medida socioeducativa da liberdade assistida será fixada pelo prazo mínimo de seis meses, podendo a qualquer tempo ser prorrogada, revogada ou substituída por outra medida, ouvido o orientador, o Ministério Público e o defensor.
   ( ) Os hospitais e demais estabelecimentos de atenção à saúde de gestantes, públicos ou privados, são obrigados a manter registro das atividades desenvolvidas, por meio de prontuários individuais, pelo prazo de 21 anos.
   ( ) Os casos de suspeita ou confirmação de maus-tratos contra criança ou adolescentes serão obrigatoriamente comunicados ao Ministério Público da respectiva localidade.
   ( ) Face à consagração do princípio do "melhor interesse da criança", somente os casos de comprovada falta ou carência de recursos materiais é que constituirão motivos suficientes para a perda ou suspensão do poder familiar.

5) Assinale a alternativa correta. Sobre as atribuições do Conselho Tutelar, podemos afirmar:

a) É responsável pela aplicação de medida socioeducativa.
b) É o responsável pelo início do processo de apuração de ato infracional praticado por adolescente.
c) Não tem competência para expedir notificações.
d) Deve assessorar o Poder Executivo local na elaboração da proposta orçamentária para planos e programas de atendimento dos direitos da criança e do adolescente.

6) Sobre o Conselho Tutelar, é correto afirmar:
a) É órgão permanente e autônomo, jurisdicional, encarregado pela sociedade de zelar pelo cumprimento dos direitos da criança e do adolescente.
b) É órgão permanente e autônomo, jurisdicional, encarregado pelo poder público (Estado) de zelar pelo cumprimento dos direitos da criança e do adolescente.
c) É órgão permanente e autônomo, não jurisdicional, encarregado pela sociedade de zelar pelo cumprimento dos direitos da criança e do adolescente.
d) É órgão que não possui autonomia, uma vez que está ligado ao Executivo local, com o encargo de zelar pelo cumprimento dos direitos da criança e do adolescente.

7) Assinale a alternativa FALSA:
a) É garantido o acesso de toda criança ou adolescente à Defensoria Pública, ao Ministério Público e ao Poder Judiciário, por qualquer de seus órgãos.
b) A Justiça da Infância e da Juventude não tem competência para conceder a remissão, uma vez que essa competência é exclusiva do Ministério Público.
c) A assistência judiciária gratuita será prestada aos que dela necessitarem por meio de defensor público ou advogado nomeado.
d) É proibida a divulgação de atos judiciais, policiais e administrativos que digam respeito a criança e adolescentes a quem se atribua autoria de ato infracional.

8) Sobre o Conselho Tutelar, podemos afirmar (assinale a alternativa correta):

a) Para candidatura a membro do Conselho Tutelar, é exigido idade superior a dezoito anos, como ocorre para vereador.
b) Para candidatura a membro do Conselho Tutelar, é exigido idade superior a vinte e um anos.
c) Para candidatura a membro do Conselho Tutelar, não é exigido residir no município.
d) Para candidatura a membro do Conselho Tutelar, é exigido curso superior.

9) Assinale a alternativa correta:
a) A função de conselheiro nacional, estadual e municipal dos direitos da criança e do adolescente é considerada de interesse público e deverá ser remunerada.
b) A escolha do conselheiro nacional, estadual e municipal dos direitos da criança e do adolescente é da competência exclusiva do poder público (Estado).
c) As entidades não governamentais somente poderão funcionar depois de registradas no Conselho Tutelar do município, o qual comunicará o registro ao Ministério Público e à autoridade judiciária local.
d) As entidades não governamentais somente poderão funcionar depois de registradas no Conselho Municipal dos Direitos da Criança e do Adolescente, o qual comunicará o registro ao Conselho Tutelar e à autoridade judiciária local.

10) Assinale V para verdadeiro e F para falso:
( ) Considera-se trabalho educativo a formação técnico-profissional ministrada segundo as diretrizes e bases da legislação de educação em vigor.
( ) A formação técnico-profissional tem entre seus princípios a questão do horário especial para o exercício de atividades.
( ) Ao adolescente aprendiz, maior de dezesseis anos, são assegurados os direitos trabalhistas e previdenciários.
( ) Ao adolescente portador de deficiência é assegurado trabalho protegido.
( ) Entende-se por aprendizagem a atividade laboral em que as exigências pedagógicas relativas ao desenvolvimento pessoal e social do educando prevalecem sobre o aspecto produtivo.

( ) Em se tratando de trabalho educativo, a remuneração que o adolescente recebe pelo trabalho efetuado ou a participação na venda dos produtos de seu trabalho não desfiguram o caráter educativo.
( ) O programa social que tenha por base o trabalho educativo somente pode ser realizado por entidade governamental.
( ) O trabalho educativo deverá assegurar ao adolescente que dele participe condições de capacitação para o exercício de atividade regular remunerada.

GABARITO			
1	d	6	c
2	b	7	b
3	a	8	b
4	a	9	d
5	d	10	F; V; V; V; F; V; F; V

Referências

ADORNO, Sérgio. *Os aprendizes do poder*: o bacharelismo liberal na política brasileira. Rio de Janeiro: Paz e Terra, 1988.

ALTMAN, Raquel Zumbano. Brincando na História. In: Priore, Mary Del (Org.). *História das Crianças no Brasil*. São Paulo: Contexto, 1999.

AMARAL E SILVA, Antonio Fernando do. A nova Justiça da Infância e da Juventude. In: PEREIRA, Tânia da Silva (Org.). *Estatuto da Criança e do Adolescente:* Lei 8.069/90: Estudos "Sócio-Jurídicos". Rio de Janeiro: Renovar, 1992.

ANCED. *Relatório sobre a Situação dos Direitos da Criança e do Adolescente no Brasil*. Brasília: ANCED, Fórum DCA, 2004.

ANDRADE, Jackeline Amantino de. *O espaço público como uma rede de atores*: a formação da política de erradicação do trabalho infantil no Brasil. 2004. Tese (Doutorado em Administração) – Programa de Pós-Graduação em Administração, Universidade Federal do Rio Grande do Sul, Porto Alegre, 2004.

ANNONI, Danielle. *Direitos humanos & acesso à justiça no direito internacional*: responsabilidade internacional do Estado. Curitiba: Juruá, 2003.

ARENDT, Hannah. *A condição humana*. 8. ed. Rio de Janeiro: Forense Universitária, 1997.

_____. *Entre o passado e o futuro*. 5. ed. São Paulo: Perspectiva, 2005.

ARIÈS, Philippe. *História Social da Criança e da Família*. Trad. Dora Flaksman. 2. ed. Rio de Janeiro: LTC, 1981.

ARISTÓTELES. *A Política*. 2. ed. Trad. Roberto Leal Ferreira. São Paulo: Martins Fontes, 1998.

ARNAUD, André-Jean. *O Direito entre Modernidade e Globalização:* Lições de Filosofia do Direito e do Estado. Rio de Janeiro: Renovar, 1999.

AZEVEDO, José Sérgio Gabrielli de; MENEZES, Wilson Ferreira; FERNANDES, Cláudia Monteiro. *Fora do lugar*: crianças e adolescentes no mercado de trabalho. São Paulo: ABET, 2000.

AZEVEDO, Magnólia Ribeiro de. *O dano moral*: uma investigação sobre a violação dos princípios fundamentais da dignidade da pessoa humana e da valorização do trabalho. 1999. Tese (Doutorado em Direito) – Curso de Pós-Graduação em Direito, Universidade Federal de Santa Catarina, Florianópolis, 1999.

BARATTA, Alessandro. Infância e Democracia. In: MÉNDEZ, Emilio García; BELOFF, Mary (Orgs.). *Infância, Lei e Democracia na América Latina:* Análise Crítica do Panorama Legislativo no Marco da Convenção Internacional sobre os Direitos da Criança 1990-1998. Trad. Eliete Ávila Wolff. Blumenau: Edifurb, 2001.

BARBALET, J. M. *A cidadania.* Lisboa: Editorial Estampa, 1989.

BARROS, Ricardo Paes de et al. *O trabalho doméstico infanto-juvenil no Brasil.* Disponível em: <http://www.cedeplar.ufmg.br/economia/disciplinas/ecn914_art75.pdf>. Acesso em: 10 jan. 2006.

BARROSO, Larissa Machado de Souza. *As idéias das crianças e adolescentes sobre os seus direitos:* um estudo evolutivo à luz da teoria piagetiana. 2000. Dissertação (Mestrado em Educação) – Faculdade de Educação, Universidade Estadual de Campinas, Campinas, 2000.

BARTHOLO JÚNIOR, R. S. et al. *Democracia, participação e direito:* o papel dos conselhos nas políticas sociais brasileiras. VIII Congreso Internacional del CLAD sobre la Reforma del Estado y de la Administración Pública, Panamá, 28-31 Oct. 2003.

BERGE, Marten van den. Niños y ninas como "protagonistas" en Bolívia. In: LIETEN, G. K. (Org.). *La niñez trabalhadora alredor del mundo.* La Paz: IREWOC, 2004.

BOFF, Leonardo. *A voz do arco-íris.* Rio de Janeiro: Sextante, 2004.

BONAVIDES, Paulo. O Estado Social e sua evolução rumo à democracia participativa. In: MEZZAROBA, Orides (Org.). *Humanismo Latino e Estado no Brasil.* Florianópolis: Fundação Boiteux; Treviso: Fondazione Cassamarca, 2003.

BORGES, Alci Marcus Ribeiro; CAVALCANTE, Maria Adília Andrade (Orgs). *Mapa do Trabalho Infantil no Piauí.* Teresina: Ação Social Arquidiocesana/Centro de Defesa João de Barro/UNICEF/DRT-PI, 1998.

BRASIL. Câmara dos Deputados. Comissão de Direitos Humanos. Fórum de Entidades Nacionais de Direitos Humanos. *Texto base da VIII Conferência Nacional de Direitos Humanos.* Brasília: Câmara, 2003.

_____. Constituição (1824). Constituição Política do Império do Brasil, outorgada em 25 de março de 1824. *Coleção de Leis do Brasil,* Rio de Janeiro, v. 1, p. 7, c. 1, 31 dez. 1824.

_____. Constituição (1891). Constituição dos Estados Unidos do Brasil de 24 de fevereiro de 1891. *Diário Oficial [da] União,* Poder Legislativo, Rio de Janeiro, p. 777, c. 1, 25 fev. 1891.

_____. Constituição (1934). Constituição da República dos Estados Unidos do Brasil. *Diário Oficial [da] União,* Poder Legislativo, Rio de Janeiro, p. 1, 16 jul. 1934.

_____. Constituição (1937). Constituição dos Estados Unidos do Brasil. *Diário Oficial [da] União,* Poder Legislativo, p. 22.359, 10 nov. 1937.

BRASIL. Constituição (1967). Constituição do Brasil. *Diário Oficial [da] União,* Poder Legislativo, p. 1, c. 1, 24 de jan. 1967.

_____. Constituição (1946). Constituição dos Estados Unidos do Brasil. *Diário Oficial [da] União,* Poder Legislativo, 19 set. 1946.

_____. Constituição (1967). Emenda Constitucional n. 1, de 17 de outubro de 1969. Emenda à Constituição da República Federativa do Brasil de 14 de janeiro de 1967. *Diário Oficial [da] União,* Poder Legislativo, Brasília, p. 8.865, 20 out. 1969.

_____. Constituição (1988). Constituição da República Federativa do Brasil de 05 de outubro de 1988. *Diário Oficial [da] União*, Poder Legislativo, Brasília, n. 191-A, 5 de out. 1988.

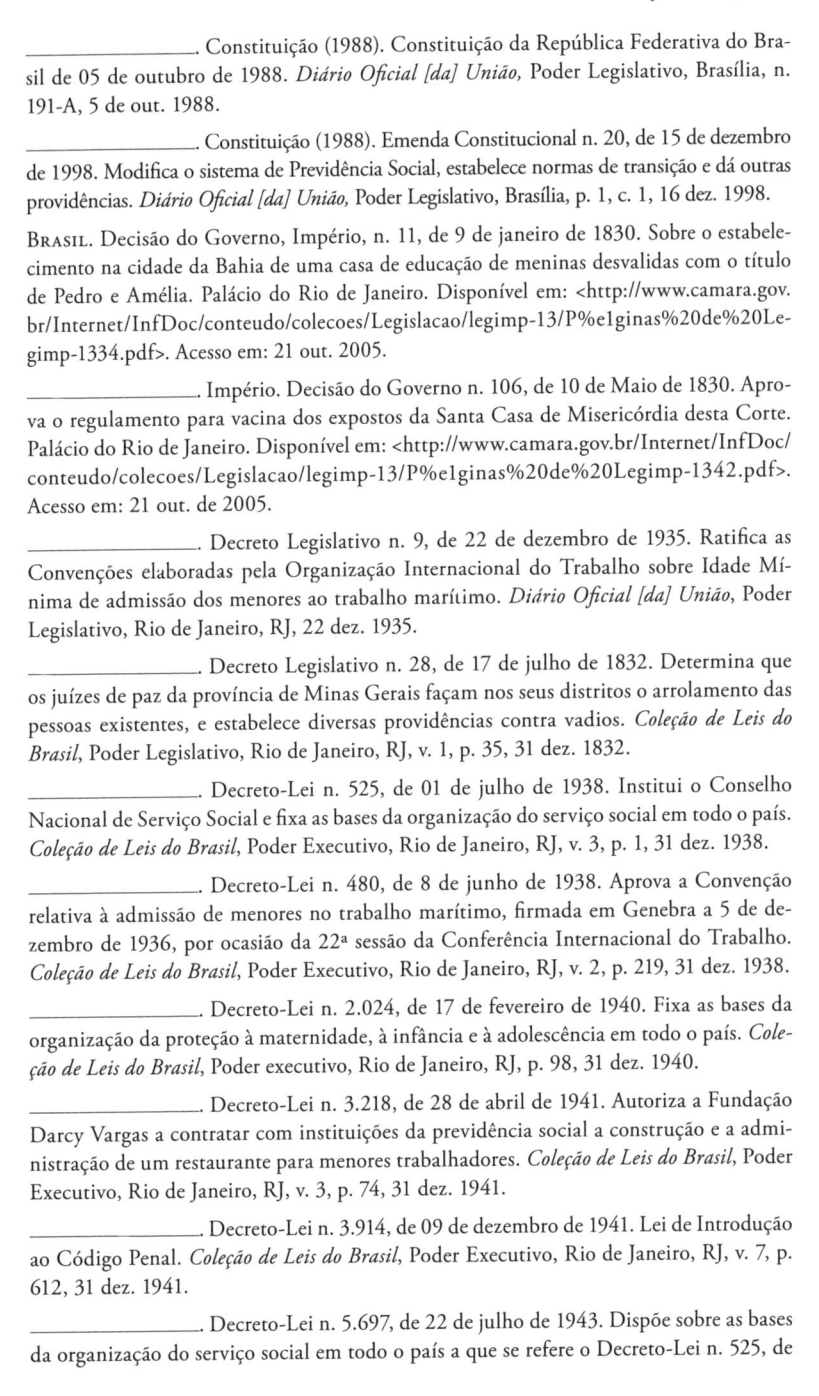

_____. Constituição (1988). Emenda Constitucional n. 20, de 15 de dezembro de 1998. Modifica o sistema de Previdência Social, estabelece normas de transição e dá outras providências. *Diário Oficial [da] União*, Poder Legislativo, Brasília, p. 1, c. 1, 16 dez. 1998.

BRASIL. Decisão do Governo, Império, n. 11, de 9 de janeiro de 1830. Sobre o estabelecimento na cidade da Bahia de uma casa de educação de meninas desvalidas com o título de Pedro e Amélia. Palácio do Rio de Janeiro. Disponível em: <http://www.camara.gov.br/Internet/InfDoc/conteudo/colecoes/Legislacao/legimp-13/P%e1ginas%20de%20Legimp-1334.pdf>. Acesso em: 21 out. 2005.

_____. Império. Decisão do Governo n. 106, de 10 de Maio de 1830. Aprova o regulamento para vacina dos expostos da Santa Casa de Misericórdia desta Corte. Palácio do Rio de Janeiro. Disponível em: <http://www.camara.gov.br/Internet/InfDoc/conteudo/colecoes/Legislacao/legimp-13/P%e1ginas%20de%20Legimp-1342.pdf>. Acesso em: 21 out. de 2005.

_____. Decreto Legislativo n. 9, de 22 de dezembro de 1935. Ratifica as Convenções elaboradas pela Organização Internacional do Trabalho sobre Idade Mínima de admissão dos menores ao trabalho marítimo. *Diário Oficial [da] União*, Poder Legislativo, Rio de Janeiro, RJ, 22 dez. 1935.

_____. Decreto Legislativo n. 28, de 17 de julho de 1832. Determina que os juízes de paz da província de Minas Gerais façam nos seus distritos o arrolamento das pessoas existentes, e estabelece diversas providências contra vadios. *Coleção de Leis do Brasil*, Poder Legislativo, Rio de Janeiro, RJ, v. 1, p. 35, 31 dez. 1832.

_____. Decreto-Lei n. 525, de 01 de julho de 1938. Institui o Conselho Nacional de Serviço Social e fixa as bases da organização do serviço social em todo o país. *Coleção de Leis do Brasil*, Poder Executivo, Rio de Janeiro, RJ, v. 3, p. 1, 31 dez. 1938.

_____. Decreto-Lei n. 480, de 8 de junho de 1938. Aprova a Convenção relativa à admissão de menores no trabalho marítimo, firmada em Genebra a 5 de dezembro de 1936, por ocasião da 22ª sessão da Conferência Internacional do Trabalho. *Coleção de Leis do Brasil*, Poder Executivo, Rio de Janeiro, RJ, v. 2, p. 219, 31 dez. 1938.

_____. Decreto-Lei n. 2.024, de 17 de fevereiro de 1940. Fixa as bases da organização da proteção à maternidade, à infância e à adolescência em todo o país. *Coleção de Leis do Brasil*, Poder executivo, Rio de Janeiro, RJ, p. 98, 31 dez. 1940.

_____. Decreto-Lei n. 3.218, de 28 de abril de 1941. Autoriza a Fundação Darcy Vargas a contratar com instituições da previdência social a construção e a administração de um restaurante para menores trabalhadores. *Coleção de Leis do Brasil*, Poder Executivo, Rio de Janeiro, RJ, v. 3, p. 74, 31 dez. 1941.

_____. Decreto-Lei n. 3.914, de 09 de dezembro de 1941. Lei de Introdução ao Código Penal. *Coleção de Leis do Brasil*, Poder Executivo, Rio de Janeiro, RJ, v. 7, p. 612, 31 dez. 1941.

_____. Decreto-Lei n. 5.697, de 22 de julho de 1943. Dispõe sobre as bases da organização do serviço social em todo o país a que se refere o Decreto-Lei n. 525, de

01 de julho de 1938. *Coleção de Leis do Brasil*, Poder Executivo, Rio de Janeiro, RJ, v. 5, p. 45, 31 dez. 1943.

BRASIL. Decreto-Lei n. 5.912, de 25 de outubro de 1943. Transforma o Curso de Puericultura e Administração de Serviços de Amparo à Maternidade, à Infância e à Adolescência, a que se refere o Decreto-Lei n. 4.730, de 23 de setembro de 1942, em Cursos do Departamento Nacional da Criança e dá outras providências. *Coleção de Leis do Brasil*, Poder Executivo, Rio de Janeiro, RJ, v. 7, p. 116, 31 dez. 1943.

_____. Decreto-Lei n. 6.026, de 24 de novembro de 1943. Dispõe sobre as medidas aplicáveis aos menores de 18 anos pela prática de fatos considerados infrações penais e dá outras providências. *Coleção de Leis do Brasil*, Poder Executivo, Rio de Janeiro, RJ, v. 7, p. 235, 31 dez. 1943.

_____. Decreto-Lei n. 8.622, de 10 de janeiro de 1946. Dispõe sobre a aprendizagem dos comerciários, estabelece deveres dos empregadores e dos trabalhadores menores relativamente a essa aprendizagem e dá outras providências. *Diário Oficial [da] União*, Poder Executivo, Rio de Janeiro, RJ, p. 542, 12 jan. 1946.

_____. Decreto-Lei n. 8.670, de 14 de janeiro de 1946. Autoriza o Prefeito do Distrito Federal a isentar a Liga Brasileira Contra a Tuberculose, Fundação Ataulfo de Paiva, Instituto Mário de Andrade Ramos, Casa São Luís, Asilo João Afonso Alves, Associação da Pró-Matre, Santa Casa de Misericórdia do Rio de Janeiro, Patronato de Menores de Niterói, Asilo Sta. Leopoldina, em Niterói, Hospital S. João Batista, em Niterói, Asilo Isabel, Instituto de Proteção e Assistência à Infância, Asilo Nossa Senhora de Nazaré, Orfanato São José, Asilo Nossa Senhora da Pompéia, Abrigo Teresa de Jesus e o Asilo Bom Pastor, do imposto que menciona. *Diário Oficial [da] União*, Poder Executivo, Rio de Janeiro, RJ, p. 701, 16 jan. 1946.

_____. Decreto-Lei n. 8.691, de 16 de janeiro de 1946. Concede auxílio especial ao Patronato de Menores e dá outras providências. *Diário Oficial [da] União*, Poder Executivo, Rio de Janeiro, RJ, p. 833, 18 jan. 1946.

_____. Decreto n. 01, de 15 de novembro de 1889. *Diário Oficial [da] União*, Poder Executivo, Rio de Janeiro, 16 nov. 1889.

_____. Decreto n. 05, de 19 de novembro de 1889. *Diário Oficial [da] União*, Poder Executivo, Rio de Janeiro, 16 nov. 1889.

_____. Decreto n. 0-053, de 29 de dezembro de 1837. Regula o modo de admissão dos aprendizes menores nas oficinas do Arsenal de Guerra e outras disposições. *Coleção Leis do Brasil*, Poder Executivo, Rio de Janeiro, RJ, p. 61, 31 dez. 1837.

_____. Decreto n. 0-071, de 11 de dezembro de 1830. Determina que na província do Maranhão os juízes de paz façam um exato arrolamento das pessoas de seus distritos procedendo contra os vadios. *Coleção de Leis do Brasil*, Poder Legislativo, Rio de Janeiro, RJ, v. 001, p. 95, 31 dez. 1830.

_____. Decreto n. 0-101, de 10 de abril de 1830. Aprova estabelecimento de Escolas Normais de diferentes disciplinas projetadas pela Sociedade Auxiliadora da Indústria Nacional. *Coleção de Leis do Brasil*, Poder Executivo, Rio de Janeiro, RJ, v. 1, p. 26, 31 dez. 1830.

BRASIL. Decreto n. 0-107, de 15 de maio de 1830. Cria cadeiras de primeiras letras na villa do Patty do Alferes, nas freguesias de Sacra Família e da Parahyba, e no curato de

Santa Anna de Cebolas e de Mattosinhos. Palácio do Rio de Janeiro. *Coleção de Leis do Brasil*, Poder Executivo, Rio de Janeiro, RJ, p. 34, 31 dez. 1830.

BRASIL. Decreto n. 0-108, de 15 de maio de 1830. Cria cadeiras de primeiras letras nos curatos das Dores e de Santo Antônio do Conservatório. *Coleção de Leis do Brasil*, Poder Executivo, Rio de Janeiro, RJ, v. 001, p. 35, 31 dez. 1830.

_____. Decreto n. 0-232, de 12 de dezembro de 1831. Dá estatutos ao Seminário São Joaquim, criando nesta corte para sustentação e ensino dos meninos órfãos e desvalidos. *Coleção de Leis do Brasil*, Poder Executivo, Rio de Janeiro, RJ, v. 1, p. 61, 31 dez. 1831.

_____. Decreto n. 423, de 12 de novembro de 1935. Promulga quatro Projetos de Convenção, aprovados pela Organização Internacional do Trabalho, da Liga das Nações, por ocasião da Conferência de Washington, convocada pelo Governo dos Estados Unidos da América a 29 de outubro de 1919, pelo Brasil adotados, a saber: Convenção relativa ao emprego das mulheres antes e depois do parto; Convenção relativa ao trabalho noturno das mulheres; Convenção que fixa a idade mínima de admissão das crianças nos trabalhos industriais; Convenção relativa ao trabalho noturno das crianças na indústria. *Coleção de Leis do Brasil*, Poder Executivo, Rio de Janeiro, RJ, v. 3, p. 159, 31 dez. 1935.

_____. Decreto n. 498, de 13 de dezembro de 1935. Confia ao Patronato de Menores a direção e administração da Divisão Feminina do Instituto Sete de Setembro, a partir de 1 de janeiro de 1936 e dá outras providências. *Coleção de Leis do Brasil*, Poder Executivo, Rio de Janeiro, RJ, v. 3, p. 246, 31 dez. 1935.

_____. Decreto n. 812, de 12 de maio de 1936. Faz público o depósito de instrumento de ratificação, por parte da Áustria, da Convenção para fixar a idade mínima de admissão de crianças nos trabalhos industriais. *Coleção de Leis do Brasil*, Poder Executivo, Rio de Janeiro, RJ, v. 1, p. 443, 31 dez. 1936.

_____. Decreto n. 1.313, de 17 de janeiro de 1891. Estabelece providências para regular o trabalho dos menores e empregados nas fábricas da capital federal. *Coleção Leis do Brasil*, Poder Executivo, Rio de Janeiro, v. 3, p. 326, 31 dez. 1891.

_____. Decreto n. 1.331-A, de 17 de fevereiro de 1854. Regulamento para reforma do ensino primário e secundário do Município da Corte. *Coleção de Leis do Brasil*, Poder Executivo, Rio de Janeiro, RJ, v. 1, p. 45, 31 dez.1854.

_____. Decreto n. 1.398, de 19 de janeiro de 1937. Promulga a Convenção relativa ao exame médico obrigatório das crianças e menores empregados a bordo dos vapores, firmada por ocasião da 3ª Sessão da Conferência Geral da Organização Internacional do Trabalho, reunida em Genebra, a 25 de outubro de 1921. *Diário Oficial da União*, Poder Executivo, Rio de Janeiro, RJ, p. 2.144, 27 jan. 1937.

_____. Decreto n. 1.797, de 23 de novembro de 1939. Reorganiza o Instituto Sete de Setembro e dá outras providências. *Coleção de Leis do Brasil*, Poder Executivo, Rio de Janeiro, RJ, v. 8, p. 211, 31 dez. 1939.

BRASIL. Decreto n. 2.188 de 09 de junho de 1858. Cria uma companhia de aprendizes menores em cada um dos arsenais da marinha das províncias de Bahia e Pernambuco. *Coleção de Leis do Brasil*, Poder Executivo, Rio de Janeiro, RJ, v. 1, p. 346, 31 dez. 1858.

_____. Decreto n. 2.737, de 8 de junho de 1938. Denuncia a Convenção fixando a idade mínima de admissão de menores no trabalho marítimo, firmada em Gênova, a 9 de julho de 1920, por ocasião da 2ª sessão da Conferência Internacional do Trabalho. *Coleção de Leis do Brasil*, Poder Executivo, Rio de Janeiro, RJ, v. 2, p. 360, 31 dez. 1938.

_____. Decreto n. 3.183, de 18 de novembro de 1863. Manda observar o regulamento que com este baixa para admissão de meninas pobres no Colégio Macaúbas. *Coleção de Leis do Brasil*, Poder Executivo, Rio de Janeiro, RJ, v. 1, p. 362, 31 dez. 1863.

_____. Decreto n. 3.342, de 30 de novembro de 1938. Promulga a Convenção sobre idade mínima para admissão de menores no trabalho marítimo (revista em 1936), firmada em Genebra, por ocasião da 22ª Sessão da Conferência Internacional do Trabalho. *Coleção de Leis do Brasil*, Poder Executivo, Rio de Janeiro, RJ, v. 4, p. 366, 31 dez. 1938.

_____. Decreto n. 3.799, de 05 de novembro de 1941. Transforma o Instituto Sete de Setembro em Serviço de Assistência a Menores e dá outras providências. *Coleção de Leis do Brasil*, Poder Executivo, Rio de Janeiro, RJ, v. 7, p. 361, 31 dez. 1941.

_____. Decreto n. 3.877, de 24 de julho de 2001. Dispõe sobre o cadastramento único. *Diário Oficial [da] União*, 25 jul. 2001.

_____. Decreto n. 4.682, de 19 de setembro de 1939. Declara de utilidade pública a "Obra de Assistência nos Mendigos e Menores Desamparados da Cidade do Rio de Janeiro". *Coleção de Leis do Brasil*, Poder Executivo, Rio de Janeiro, RJ, v. 7, p. 12, 31 dez. 1939.

_____. Decreto n. 4.820, de 18 de novembro de 1871. Eleva mais 50 praças no número de aprendizes artífices da companhia de menores do Arsenal da Marinha da Corte. *Coleção de Leis do Brasil*, Poder Executivo, Rio de Janeiro, RJ, v. 1, p. 649, 31 dez. 1871.

_____. Decreto n. 4.864, de 2 de janeiro de 1872. Autoriza a associação municipal protetora da instrução da infância desvalida para funcionar e aprova os estatutos. *Coleção de Leis do Brasil*, Poder Executivo, Rio de Janeiro, RJ, v. 1, p. 4, 31 dez. 1872.

_____. Decreto n. 4.867, de 05 de novembro de 1924. Institui o dia 12 de outubro para ter lugar em todo o território nacional o dia de festa da criança. *Coleção de Leis do Brasil*, Poder Legislativo, Rio de Janeiro, RJ, v. 1, p. 123, 31 dez. 1924.

BRASIL. Decreto n. 6.788, de 30 de janeiro de 1941. Convoca a 1ª Conferência Nacional de Educação e a 1ª Conferência Nacional de Saúde e dá outras providências. *Coleção de Leis do Brasil*, Poder Executivo, Rio de Janeiro, RJ, v. 2, p. 156, 31 dez. 1941.

_____. Decreto n. 8.910, de 17 de março de 1883. Dá novo Regulamento ao Asylo de Meninos Desvalidos. *Coleção de Leis do Brasil*, Poder Executivo, Rio de Janeiro, RJ, v. 1, p. 431, 31 dez. 1883.

_____. Decreto n. 9.517 de 14 de novembro de 1885. Aprova o Regulamento para a nova matrícula dos escravos menores de 60 anos de idade, arrolamento especial dos de 60 anos em diante e apuração da matricula, em execução do art. 1º da Lei n. 3.270 de 28 de Setembro deste ano. *Coleção de Leis do Brasil*, Poder Executivo, Rio de Janeiro, RJ, v. 1, p. 738, 31 dez. 1885.

_____. Decreto n. 12.893, de 28 de fevereiro de 1918. Autoriza o Ministro da Agricultura a criar patronatos agrícolas, para educação de menores desvalidos, nos postos zootécnicos, fazendas-modelo de criação, núcleos coloniais e outros estabelecimentos do Ministério. *Coleção de Leis do Brasil*, Poder Executivo, Rio de Janeiro, RJ, v. 002, p. 99, 31 dez. 1918.

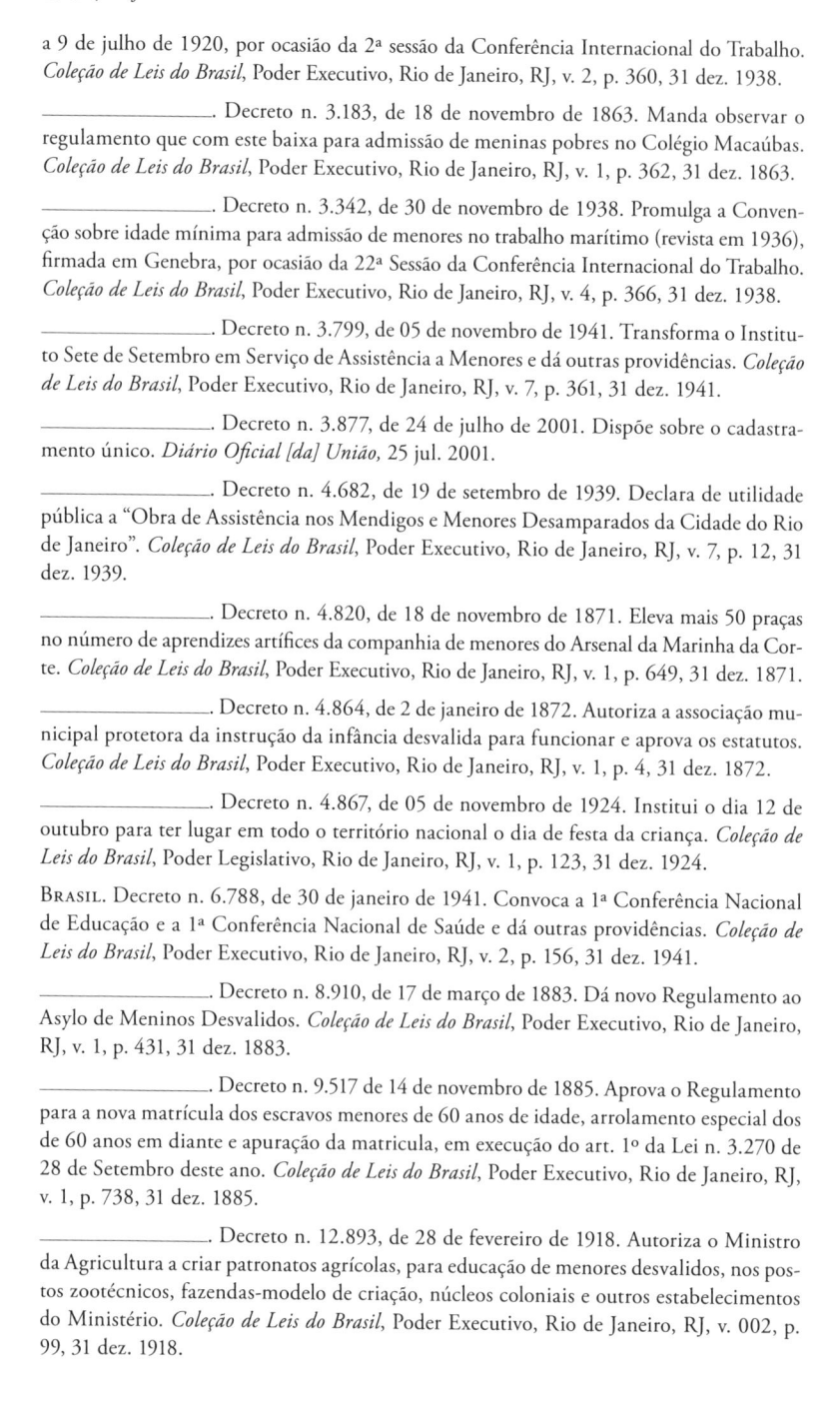

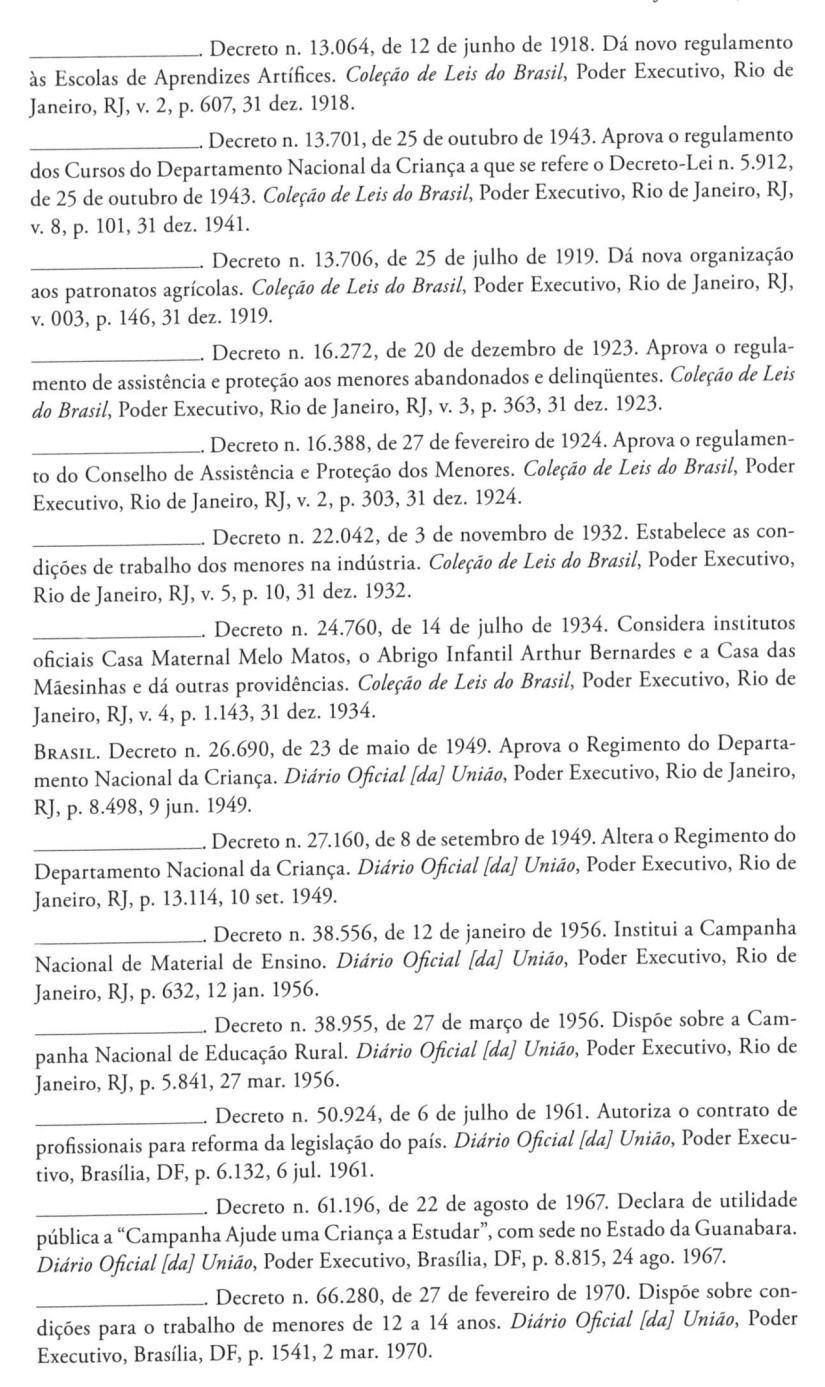

_____. Decreto n. 13.064, de 12 de junho de 1918. Dá novo regulamento às Escolas de Aprendizes Artífices. *Coleção de Leis do Brasil*, Poder Executivo, Rio de Janeiro, RJ, v. 2, p. 607, 31 dez. 1918.

_____. Decreto n. 13.701, de 25 de outubro de 1943. Aprova o regulamento dos Cursos do Departamento Nacional da Criança a que se refere o Decreto-Lei n. 5.912, de 25 de outubro de 1943. *Coleção de Leis do Brasil*, Poder Executivo, Rio de Janeiro, RJ, v. 8, p. 101, 31 dez. 1941.

_____. Decreto n. 13.706, de 25 de julho de 1919. Dá nova organização aos patronatos agrícolas. *Coleção de Leis do Brasil*, Poder Executivo, Rio de Janeiro, RJ, v. 003, p. 146, 31 dez. 1919.

_____. Decreto n. 16.272, de 20 de dezembro de 1923. Aprova o regulamento de assistência e proteção aos menores abandonados e delinqüentes. *Coleção de Leis do Brasil*, Poder Executivo, Rio de Janeiro, RJ, v. 3, p. 363, 31 dez. 1923.

_____. Decreto n. 16.388, de 27 de fevereiro de 1924. Aprova o regulamento do Conselho de Assistência e Proteção dos Menores. *Coleção de Leis do Brasil*, Poder Executivo, Rio de Janeiro, RJ, v. 2, p. 303, 31 dez. 1924.

_____. Decreto n. 22.042, de 3 de novembro de 1932. Estabelece as condições de trabalho dos menores na indústria. *Coleção de Leis do Brasil*, Poder Executivo, Rio de Janeiro, RJ, v. 5, p. 10, 31 dez. 1932.

_____. Decreto n. 24.760, de 14 de julho de 1934. Considera institutos oficiais Casa Maternal Melo Matos, o Abrigo Infantil Arthur Bernardes e a Casa das Mãesinhas e dá outras providências. *Coleção de Leis do Brasil*, Poder Executivo, Rio de Janeiro, RJ, v. 4, p. 1.143, 31 dez. 1934.

BRASIL. Decreto n. 26.690, de 23 de maio de 1949. Aprova o Regimento do Departamento Nacional da Criança. *Diário Oficial [da] União*, Poder Executivo, Rio de Janeiro, RJ, p. 8.498, 9 jun. 1949.

_____. Decreto n. 27.160, de 8 de setembro de 1949. Altera o Regimento do Departamento Nacional da Criança. *Diário Oficial [da] União*, Poder Executivo, Rio de Janeiro, RJ, p. 13.114, 10 set. 1949.

_____. Decreto n. 38.556, de 12 de janeiro de 1956. Institui a Campanha Nacional de Material de Ensino. *Diário Oficial [da] União*, Poder Executivo, Rio de Janeiro, RJ, p. 632, 12 jan. 1956.

_____. Decreto n. 38.955, de 27 de março de 1956. Dispõe sobre a Campanha Nacional de Educação Rural. *Diário Oficial [da] União*, Poder Executivo, Rio de Janeiro, RJ, p. 5.841, 27 mar. 1956.

_____. Decreto n. 50.924, de 6 de julho de 1961. Autoriza o contrato de profissionais para reforma da legislação do país. *Diário Oficial [da] União*, Poder Executivo, Brasília, DF, p. 6.132, 6 jul. 1961.

_____. Decreto n. 61.196, de 22 de agosto de 1967. Declara de utilidade pública a "Campanha Ajude uma Criança a Estudar", com sede no Estado da Guanabara. *Diário Oficial [da] União*, Poder Executivo, Brasília, DF, p. 8.815, 24 ago. 1967.

_____. Decreto n. 66.280, de 27 de fevereiro de 1970. Dispõe sobre condições para o trabalho de menores de 12 a 14 anos. *Diário Oficial [da] União*, Poder Executivo, Brasília, DF, p. 1541, 2 mar. 1970.

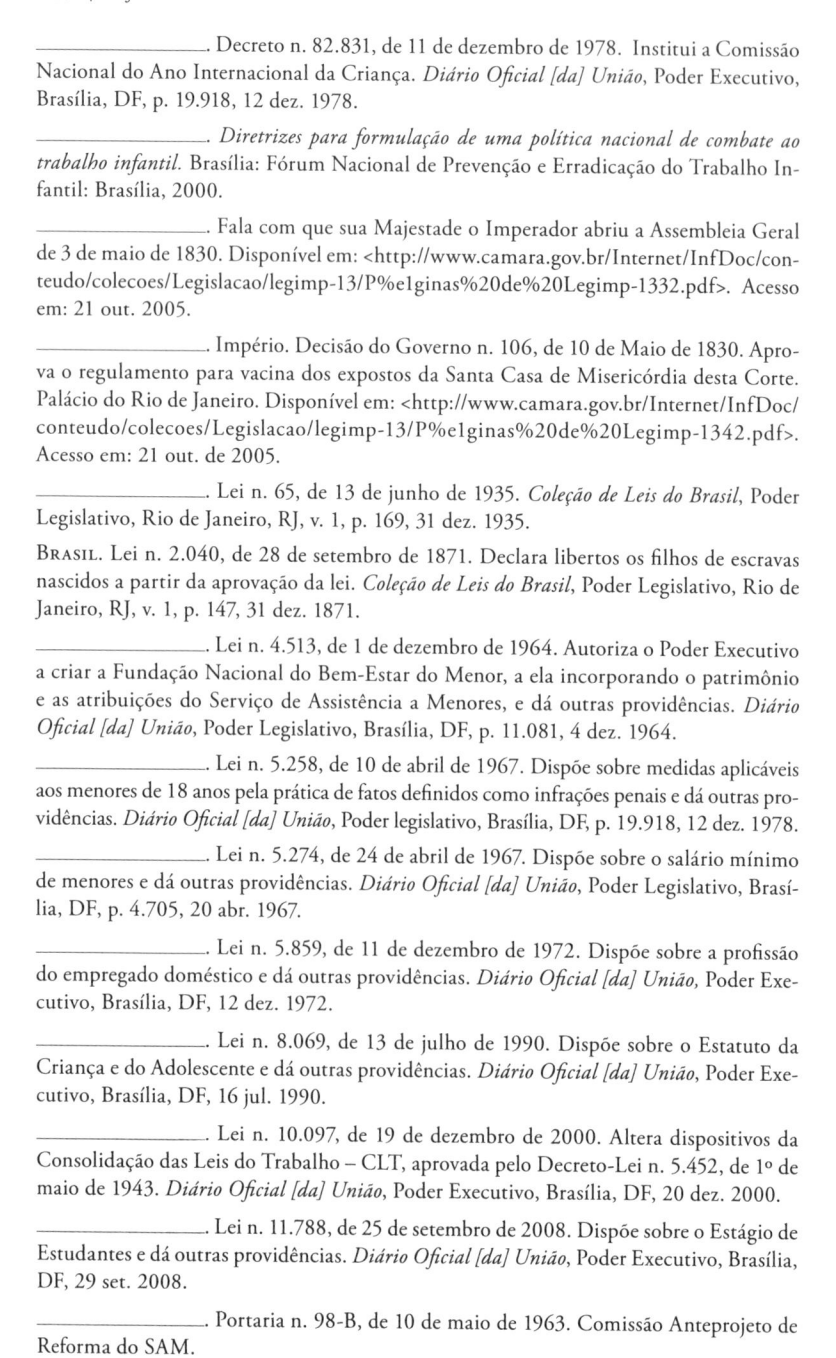

_____. Decreto n. 82.831, de 11 de dezembro de 1978. Institui a Comissão Nacional do Ano Internacional da Criança. *Diário Oficial [da] União*, Poder Executivo, Brasília, DF, p. 19.918, 12 dez. 1978.

_____. *Diretrizes para formulação de uma política nacional de combate ao trabalho infantil*. Brasília: Fórum Nacional de Prevenção e Erradicação do Trabalho Infantil: Brasília, 2000.

_____. Fala com que sua Majestade o Imperador abriu a Assembleia Geral de 3 de maio de 1830. Disponível em: <http://www.camara.gov.br/Internet/InfDoc/conteudo/colecoes/Legislacao/legimp-13/P%e1ginas%20de%20Legimp-1332.pdf>. Acesso em: 21 out. 2005.

_____. Império. Decisão do Governo n. 106, de 10 de Maio de 1830. Aprova o regulamento para vacina dos expostos da Santa Casa de Misericórdia desta Corte. Palácio do Rio de Janeiro. Disponível em: <http://www.camara.gov.br/Internet/InfDoc/conteudo/colecoes/Legislacao/legimp-13/P%e1ginas%20de%20Legimp-1342.pdf>. Acesso em: 21 out. de 2005.

_____. Lei n. 65, de 13 de junho de 1935. *Coleção de Leis do Brasil*, Poder Legislativo, Rio de Janeiro, RJ, v. 1, p. 169, 31 dez. 1935.

BRASIL. Lei n. 2.040, de 28 de setembro de 1871. Declara libertos os filhos de escravas nascidos a partir da aprovação da lei. *Coleção de Leis do Brasil*, Poder Legislativo, Rio de Janeiro, RJ, v. 1, p. 147, 31 dez. 1871.

_____. Lei n. 4.513, de 1 de dezembro de 1964. Autoriza o Poder Executivo a criar a Fundação Nacional do Bem-Estar do Menor, a ela incorporando o patrimônio e as atribuições do Serviço de Assistência a Menores, e dá outras providências. *Diário Oficial [da] União*, Poder Legislativo, Brasília, DF, p. 11.081, 4 dez. 1964.

_____. Lei n. 5.258, de 10 de abril de 1967. Dispõe sobre medidas aplicáveis aos menores de 18 anos pela prática de fatos definidos como infrações penais e dá outras providências. *Diário Oficial [da] União*, Poder legislativo, Brasília, DF, p. 19.918, 12 dez. 1978.

_____. Lei n. 5.274, de 24 de abril de 1967. Dispõe sobre o salário mínimo de menores e dá outras providências. *Diário Oficial [da] União*, Poder Legislativo, Brasília, DF, p. 4.705, 20 abr. 1967.

_____. Lei n. 5.859, de 11 de dezembro de 1972. Dispõe sobre a profissão do empregado doméstico e dá outras providências. *Diário Oficial [da] União*, Poder Executivo, Brasília, DF, 12 dez. 1972.

_____. Lei n. 8.069, de 13 de julho de 1990. Dispõe sobre o Estatuto da Criança e do Adolescente e dá outras providências. *Diário Oficial [da] União*, Poder Executivo, Brasília, DF, 16 jul. 1990.

_____. Lei n. 10.097, de 19 de dezembro de 2000. Altera dispositivos da Consolidação das Leis do Trabalho – CLT, aprovada pelo Decreto-Lei n. 5.452, de 1º de maio de 1943. *Diário Oficial [da] União*, Poder Executivo, Brasília, DF, 20 dez. 2000.

_____. Lei n. 11.788, de 25 de setembro de 2008. Dispõe sobre o Estágio de Estudantes e dá outras providências. *Diário Oficial [da] União*, Poder Executivo, Brasília, DF, 29 set. 2008.

_____. Portaria n. 98-B, de 10 de maio de 1963. Comissão Anteprojeto de Reforma do SAM.

_____. Projeto de Lei n. 561/55, do "Instituto Nacional de Assistência a Menores" I.N.A.M. Com anexo do Anteprojeto de Lei. Transforma o Serviço de Assistência a Menores (SAM) em Instituto Nacional de Assistência a Menores (INAM) e dá outras providências. Disponível em: < http://www.usu.br/cespi/1955.htm>. Acesso em: 20 fev. 2006.

_____. Regulamento n. 113, de 3 janeiro de 1842. Dando nova organização às Companhias de Aprendizes Menores dos Arsenais de Guerra em conformidade do Artigo 30, da Lei n. 243, de 30 de novembro de 1941. *Coleção de Leis do Brasil*, Poder Executivo, Rio de Janeiro, RJ, v. 1, p. 1, 31 dez. 1842.

_____. *Relatório Consolidado (inicial e dois primeiros periódicos) ao Comitê sobre os Direitos da Criança*. Brasília: MRE, 2003.

_____. *Relatório da República Federativa do Brasil sobre o cumprimento das metas emanadas da Cúpula Mundial pelas crianças*. Brasília: Brasil, 2001.

_____. Resolução n. 53, de 23 de março de 1956. Cria uma Comissão Parlamentar de Inquérito para apurar irregularidades ocorridas no Serviço de Assistência a Menores. *Diário do Congresso Nacional*, Poder Legislativo, Rio de Janeiro, RJ, seção 1, p. 4.727, 23 mar. 1956.

BRUÑOL, Miguel Cillero. O interesse superior da criança no marco da Convenção Internacional sobre os Direitos da Criança. In: Méndez, Emilio García; BELOFF, Mary (Orgs.). *Infância, Lei e Democracia na América Latina:* Análise Crítica do Panorama Legislativo no Marco da Convenção Internacional sobre os Direitos da Criança 1990-1998. Trad. Eliete Ávila Wolff. Blumenau: Edifurb, 2001.

BUARQUE, Cristovam. *A revolução nas prioridades*: da modernidade técnica à modernidade ética. 2. ed. São Paulo: Paz e Terra, 1994.

CAMPOS, Edval Bernardino; MACIEL, Carlos Alberto Batista. Conselhos Paritários: o enigma da participação e da construção democrática. *Serviço Social & Sociedade*, n. 55, nov. 1997.

CAMPOS, Herculano Ricardo; ALVERGA, Alex Reinecke de. *Trabalho infantil e ideologia:* contribuição ao estudo da crença indiscriminada na dignidade do trabalho. Disponível em: <http://www.scielo.br/scielo.php?script=sci_pdf&pid=S1413-294X2001000200010&lng=es&nrm=iso>. Acesso em: 10 nov. 2005.

CARVALHO, Inaiá Maria Moreira de. Propostas de políticas. In: AZÊVEDO, José Sérgio Gabrielli de; MENEZES, Wilson Ferreira; FERNANDES, Cláudia Monteiro. *Fora de lugar:* crianças e adolescentes no mercado de trabalho. Salvador: ABET, UFBA, 2000.

CARVALHO, José Murilo. Os três povos da república. In: CARVALHO, Maria Alice Resende de (Org.) *República do Catete*. Rio de Janeiro: Museu da República, 2002.

CARVALHO, Marta Maria Chagas de. Quando a história da educação é a história da disciplina e da higienização das pessoas. In: FREITAS, Marcos Cezar de (Org.). *História Social da Infância no Brasil*. 2. ed. São Paulo: Cortez/USF, 1999.

CARVALHO, Pedro Caetano. A Família e o Município. In: PEREIRA, Tânia da Silva. *O Melhor Interesse da Criança*: um debate interdisciplinar. Rio de Janeiro: Renovar, 2000.

CARVALHO NETO, Antônio; NEVES, Magda de Almeida; JAYME, Juliana Gonzaga. Setor informal: abrigo para o trabalho infantil. In: MARQUES, Maria Elizabeth; NEVES, Magda de Almeida; CARVALHO NETO, Antônio (Orgs.). *Trabalho infantil:* a infância roubada. Belo Horizonte: PUC Minas, Instituto de Relações do Trabalho, 2002.

CASTANHA, Neide. Um desafio para o Estado e a Sociedade. In: Vivarta, Veet (Coord.) *Crianças invisíveis:* o enfoque da imprensa sobre o Trabalho Infantil Doméstico e outras formas de exploração. São Paulo: Cortez, 2003.

CASTRO, João Antônio Lima; CASTRO, Dayse Starling Lima. Aspectos jurídicos da proibição do trabalho infantil e da proteção ao trabalhador adolescente. In: MARQUES, Maria Elizabeth; Neves, Magda de Almeida; CARVALHO NETO, Antonio. *Trabalho Infantil:* a infância roubada. Belo Horizonte: PUC Minas, Instituto de Relações do Trabalho, 2002.

CERVINI, Ruben; BURGER, Freda. O menino trabalhador no Brasil urbano dos anos 80. In: FAUSTO, Ayrton; CERVINI, Ruben (Orgs). *O trabalho e a rua:* crianças e adolescentes no Brasil urbano dos anos 80. 2. ed. São Paulo: Cortez, 1996.

CFEMEA. *As mulheres na Reforma da Previdência:* o desafio da inclusão social. Brasília: CFEMEA; São Paulo: ILDES, 2003.

CIPOLA, Ari. *O trabalho infantil.* São Paulo: Publifolha, 2001.

COLOSSI, Nelson; ABREU FILHO, Hélio; QUEIROZ, Etty Guerra. *Participação dos conselhos sociais na administração pública municipal e suas implicações para análise da mudança organizacional.* V SEMEAD, jul. 2001. Disponível em: <http//:www.ead.fea.usp.br/semead/5semead/adm.%20geral/participa%E7ao%20pos%20conselhos%20sociais%20na%20adm.pdf>. Acesso em: 01 maio 2006.

CONANDA. *Diretrizes Nacionais para a Política de Atenção Integral à Infância e à Adolescência:* 2001-2005. Brasília: CONANDA/SEDH, 200.

CORDEIRO, Sara Regina Ramos; FRANZONI, Sabrina. As reformas: liberalismo ou republicanismo. *Em Tese*, Revista Eletrônica dos Pós-Graduandos em Sociologia Política da UFSC, Florianópolis, v. 2, n. 1, p. 9, jan-jun 2004. Disponível em: <http://www.emtese.ufsc.br/2_art8.pdf>. Acesso em: 14 nov. 2005.

CORRÊA, Darcioni. *Apologia do Ócio como Crítica da Sociedade do Trabalho.* 2002. Dissertação (Mestrado em Sociologia Política) – Centro de Filosofia e Ciências Humanas, Universidade Federal de Santa Catarina, Florianópolis, 2002.

CORRÊA, Mariza. A cidade de menores: uma utopia dos anos 30. In: Freitas, Marcos Cezar de (Org.). *História Social da Infância no Brasil.* 2. ed. São Paulo: Cortez/USF, 1999.

CORREIA, Maria Valéria Costa. Que Controle Social na Política de Assistência Social. *Serviço Social e Sociedade*, Cidade, Proteção e Controle Social, n. 72, São Paulo, Cortez, nov. 2002.

COSTA, Antônio Carlos Gomes da. Natureza e implantação do novo direito da criança e do adolescente. In: PEREIRA, Tânia da Silva (Coord.). *Estatuto da Criança e do Adolescente*: Lei n. 8.069: "Estudos Sócio-Jurídicos". Rio de Janeiro: Renovar, 1992.

COSTA, Antônio Gomes da. *O Estatuto da Criança e do Adolescente e o Trabalho Infantil:* trajetória, situação atual e perspectivas. Brasília: OIT; São Paulo: LTr, 1994.

_____. *Protagonismo Juvenil*: adolescência, educação e participação democrática. Salvador: Fundação Odebrecht, 2000.

_____. Temos que defender os jovens. *Fala Mestre*, jun. 2000. Disponível em: <http://novaescola.abril.com.br/ed/133_jun00/html/entrevista.htm>. Acesso em: 10 dez. 2005.

COSTA, Antônio Gomes da; LIMA, Isabel Maria Sampaio Oliveira. *Estatuto e LDB*: direito à educação. Disponível em: <http://www.mnmmr.org.br/data/biblioteca/113.doc>. Acesso em: 1º nov. 2005.

CUNHA, Luiz Antonio. O ensino industrial manufatureiro no Brasil. *Revista Brasileira de Educação*. Disponível em: <http://www.anped.org.br/rbe14/06-artigo5.pdf>. Acesso em: 1º nov. 2005.

CUSTÓDIO, André Viana. *Direito da Criança e do Adolescente*. Criciúma: Unesc, 2009.

CUSTÓDIO, André Viana; VERONESE, Josiane Rose Petry. *Crianças Esquecidas:* a exploração do trabalho infantil doméstico no Brasil. Curitiba: Multidiéia, 2009.

CUSTÓDIO, André Viana; VERONESE, Josiane Rose Petry. *Trabalho Infantil*: a negação do ser criança e adolescente no Brasil. Florianópolis: OAB/SC, 2007.

DALLARI, Dalmo de Abreu. *Elementos de teoria geral do Estado*. São Paulo: Saraiva, 1985.

_____; KORCZAK, Janusz. *O direito da criança ao respeito*. 2. ed. São Paulo: Summus, 1986.

DE LA MORA, Luis. Art. 88. In: CURY, Munir; AMARAL E SILVA, Antônio Fernando; MENDEZ, Emílio Garcia (Coords.) *Estatuto da Criança e do Adolescente Comentado*: comentários jurídicos e sociais. 2. ed. São Paulo: Malheiros, 1996.

DEMO, Pedro. *Cidadania Pequena*: fragilidades e desafios do associativismo no Brasil. Campinas: Autores Associados, 2001.

DOURADO, Ana; DABAT, Christine; ARAÚJO, Teresa Corrêa. Crianças e adolescentes nos canaviais de Pernambuco. In: PRIORE, Mary Del (Org.). *História das Crianças no Brasil*. São Paulo: Contexto, 1999.

DUARTE, Adriano Luiz. *Cidadania & Exclusão*: Brasil 1937-1945. Florianópolis: UFSC, 1999.

FAJARDO, Sinara Porto. Retórica e realidade dos direitos da criança no Brasil. In: NAHRA, Clícia Maria Leite; BRAGAGLIA, Mônica (Orgs.). *Conselho Tutelar:* gênese, dinâmica e tendências. Canoas: ULBRA, 2002.

FAUSTO, Ayrton; MÉNDEZ, Emilio García (Coords.) *Conselho Tutelar:* a comunidade resolvendo os problemas da comunidade. Brasília: FLACSO/UNICEF, 199-.

FAZZI, Rita de Cássia; LEAL, Rita de Souza. Reflexões metodológicas de pesquisa sobre o trabalho infanto-juvenil: limites e possibilidades. In: MARQUES, Maria Elizabeth; NEVES, Magda de Almeida; CARVALHO NETO, Antonio. *Trabalho Infantil:* a infância roubada. Belo Horizonte: PUC Minas, Instituto de Relações do Trabalho, 2002.

FERNANDES, Márcio Mothé. *Ação Sócio-Educativa Pública*. 2. ed. Rio de Janeiro: Lumen Juris, 2002.

FRANCO, Maria Sílvia de Carvalho. *Homens livres na ordem escravocrata*. 4. ed. São Paulo: Unesp, 1997.

FREIRE, Paulo. *Política e Educação*. 2. ed. São Paulo: Cortez, 1995.

FREYRE, Gilberto. *Casa-grande e senzala*. 50. ed. São Paulo: Global, 2005.

FREITAS, Maria Ester de. *Viva a tese!* Um guia de sobrevivência. Rio de Janeiro: FGV, 2001.

FREITAS, Marcos Cezar de. Para uma sociologia histórica da infância no Brasil. In: FREITAS, Marcos Cezar de (Org.). *História Social da Infância no Brasil*. 2. ed. São Paulo: Cortez/USF, 1999.

GIOVANNI, Geraldo Di (Coord.). *Trabalho Infantil em Campinas*. Campinas: Unicamp/ IE, 2002.

GÓES, José Roberto de; FLORENTINO, Manolo. *Crianças escravas, crianças dos escravos*. In: PRIORE, Mary Del (Org.). *História das Crianças no Brasil*. São Paulo: Contexto, 1999.

GOMES, Isadora Minotto. *Coleção de boas práticas e lições aprendidas em prevenção e erradicação da exploração sexual comercial de meninas, meninos e adolescentes*: aplicação da legislação no Brasil. Assunção: OIT, 2005.

GONZALEZ, Rodrigo Stumpf. *Criança também é gente*: a trajetória brasileira na luta pelo respeito aos direitos humanos da infância e juventude. Disponível em: <http://www.dhnet.org.br/educar/adunisinos/Rodrigo.htm>. Acesso em: 10 dez. 2005.

HEILBORN, Maria Luiza. *Estratégias para Combater o Trabalho Infantil no Serviço Doméstico*: Dimensões Culturais do Trabalho Infantil Feminino. Disponível em: <http://www.ilo.org/public/english/standards/ipec/publ/policy/papers/brasil/oitheilborn.pdf>. Acesso em: 15 mar. 2006.

HULL, Terence. Perspectiva y datos necesarios para el estudio del trabajo de los niños. In: RODGERS, Gerry; STANDING, Guy. *Trabajo infantil, pobreza y subdesarrollo*. Genebra: Oficinal Internacional del Trabajo, OIT, 1983.

ILLICH, Ivan. *Sociedade sem escolas*. 2. ed. Trad. Lúcia Mathilde Endlich Orth. Petrópolis: Vozes, 1973.

JACCOUD, Luciana; BEGHIN, Nathalie. *Desigualdades raciais no Brasil:* um balanço da intervenção governamental. Brasília: IPEA, 2002.

JUSTO, Carmem Sílvia Sanches. *Os meninos fotógrafos e os educadores:* viver na rua e no Projeto Casa. São Paulo: Editora UNESP, 2003.

Kassouf, Ana Lúcia. *O efeito do trabalho infantil para o rendimento e a saúde dos adultos*. Disponível em: <http://www.cepea.esalq.usp.br/pdf/sbe2000.pdf>. Acesso em: 10 fev. 2006.

_____. *Trabalho infantil:* escolaridade x emprego. Disponível em: <http://www.cedeplar.ufmg.br/economia/disciplinas/ecn914_art425.pdf>. Acesso em 20 jan. 2006.

LAVINAS, Lena. Gênero, Cidadania e Adolescência. In: MADEIRA, Felícia Reicher (Org.). *Quem mandou nascer mulher?* Estudos sobre crianças e adolescentes pobres no Brasil. Rio de Janeiro: Record/Rosa dos Tempos, 1997.

LEITE, Miriam L. Moreira. A infância no século XIX segundo memórias e livros de viagem. In: FREITAS, Marcos Cezar de (Org.). *História Social da Infância no Brasil*. 2. ed. São Paulo: Cortez/USF, 1999.

LEMOS, Flávia Cristina Silveira. *Conselhos Tutelares:* proteção e controle. Disponível em: <httpl/:www.uff.br/ichf/publicações/revista-psi-artigos/2004-2-cap6.pdf>. Acesso em: 1º maio 2006.

LIBERATI, Wilson Donizeti; CYRINO, Público Caio Bessa. *Conselhos e Fundos no Estatuto da Criança e do Adolescente*. São Paulo: Malheiros, 1993.

LIMA, Consuelo Generoso Coelho de. Trabalho precoce, saúde e desenvolvimento mental. In: MTE. *Proteção integral para crianças e adolescentes, fiscalização do trabalho, saúde e aprendizagem*. Florianópolis: DRT/SC, 2000.

LIMA, Miguel M. Alves. *O Direito da Criança e do Adolescente*: fundamentos para uma abordagem principiológica. 2001. Tese (Doutorado em Direito) – Curso de Pós-Graduação em Direito, Universidade Federal de Santa Catarina, Florianópolis, 2001.

LIMANA, Amir. O processo de descentralização política-administrativa no Brasil. *Scripta Nova*, Revista Eletrônica Geografía y Ciencias Sociales, Universidad de Barcelona, n. 45 (21), 1º ago. 1999. Disponível em: <http://www.ub.es/geocrit/sn-45-21.htm>. Acesso em: 10 mar. 2006.

LINS, Maria Edlene Costa. *A atuação do Ministério Público do Trabalho no Combate ao Trabalho Infantil Doméstico*. Disponível em: <http://www.prt.mpt.gov.br/pubartigos/pubartmecl00012005.pdf> Acesso em: 12 fev. 2006.

LOCKE, John. *Dois Tratados sobre o Governo*. Trad. Julio Fischer. São Paulo: Martins Fontes, 1998.

MARCILIO, Maria Luiza. A roda dos expostos e a criança abandonada na História do Brasil 1726-1950. In: FREITAS, Marcos Cezar de (Org.). *História Social da Infância no Brasil*. 2. ed. São Paulo: Cortez, 1999.

MARQUES, Maria Elizabeth; FAZZI, Rita de Cássia; LEAL, Rita de Souza. Pequenos trabalhadores do Vale do Jequitinhonha e Norte Mineiro: expressões culturais sobre o valor do trabalho. In: MARQUES, Maria Elizabeth; NEVES, Magda de Almeida; CARVALHO NETO, Antônio (Orgs.). *Trabalho infantil*: a infância roubada. Belo Horizonte: PUC Minas, Instituto de Relações do Trabalho, 2002.

MARTINS, Adalberto. *A proteção constitucional ao trabalho de crianças e adolescentes*. São Paulo: LTr, 2002.

MARTINS, Silvia Helena Zanirato. *Artífices do Ócio*: mendigos e vadios em São Paulo (1933-1942). Londrina: UEL, 1998.

MARX, Karl. *O Capital*: crítica da economia política. 18 ed. Trad. Reginaldo Sant'Anna. Rio de Janeiro: Civilização Brasileira, 2001.

MATTA, Roberto da. *A Casa & a Rua*. 5. ed. Rio de Janeiro: Rocco, 1997.

MAUAD, Ana Maria. A vida das crianças de elite durante o Império. In: Priore, Mary Del (Org.). *História das Crianças no Brasil*. São Paulo: Contexto, 1999.

MAZZUOLI, Valério de Oliveira. *Direitos Humanos, Constituição e os Tratados Internacionais:* estudo analítico da situação e aplicação do Tratado na Ordem Jurídica Brasileira. São Paulo: Juarez de Oliveira, 2001.

MENDELIEVICH, Elias. *El trabajo de los niños*. Genebra: Oficina Internacional del Trabajo, 1980.

MÉNDEZ, Emilio García. Infância, lei e democracia: uma questão de justiça. In: _____; BELOFF, Mary (Orgs.). *Infância, Lei e Democracia na América Latina:* Análise Crítica do Panorama Legislativo no Marco da Convenção Internacional sobre os Direitos da Criança 1990-1998. Trad. Eliete Ávila Wolff. Blumenau: Edifurb, 2001.

MERLI, Raffaello. Toffler: a terceira onda. In: MASI, Domenico de (Org.). *A Sociedade Pós-Industrial*. 2. ed. São Paulo: SENAC, 1999.

MINHARRO, Erotilde Ribeiro dos Santos. *A Criança e o Adolescente no Direito do Trabalho*. São Paulo: Ltr, 2003.

MIOTO, Regina Célia Tamaso. Família e Serviço Social, contribuições para o debate. *Serviço Social e Sociedade*, ano XVIII, n. 55, nov. 1997.

MONARCHA, Carlos. Arquitetura escola republicana: a escola normal da praça e a construção da imagem da criança. In: FREITAS, Marcos Cezar de (Org.). *História Social da Infância no Brasil*. 2. ed. São Paulo: Cortez/USF, 1999.

MORAES, Antônio Carlos Flores de. O direito à profissionalização e a proteção no trabalho. In: PEREIRA, Tânia da Silva. *Estatuto da Criança e do Adolescente Comentado*: Lei 8.069/90: "Estudos sócio-jurídicos". Rio de Janeiro: Renovar, 1992.

MORAES FILHO, Evaristo de; MORAES, Antônio Carlos Flores de. *Introdução ao Direito do Trabalho*. 6. ed. São Paulo: LTr, 1993.

MORAES, Edson Seda de. O Estatuto da Criança e do Adolescente e a participação da sociedade, Conselho de Direitos e Conselho Tutelar. In: PEREIRA, Tânia da Silva (Coord.). *Estatuto da Criança e do Adolescente:* Lei 8.069/90: "Estudos Sócio-Jurídicos". Rio de Janeiro: Renovar, 1992.

MOTTI, Antônio José Ângelo. Infância e Adolescência: direitos, cidadania e inclusão social. In: SILVA, Anamaria Santana da; SENNA, Ester; KASSAR, Mônica de Carvalho Magalhães. *Exploração sexual comercial de crianças e adolescentes e tráfico para os mesmos fins:* contribuições para o enfrentamento a partir de experiências em Corumbá-MS. Brasília: OIT, 2005.

MOURA, Esmeralda Blanco Bolsonaro de. Crianças operárias na recém-industrializada São Paulo. In: PRIORE, Mary Del (Org.). *História das Crianças no Brasil*. São Paulo: Contexto, 1999.

NASCIMENTO, Amauri Mascaro. *Curso de Direito do Trabalho*. 16. ed. São Paulo: Saraiva: 1999.

NEVES, Delma Pessanha. *A Perversão do Trabalho Infantil*: lógicas sociais e alternativas de prevenção. Niterói: Intertexto, 1999.

NOGUEIRA, Vanderlino. Papel Político-Jurídico dos Conselhos: Sociedade Civil, Direção e Formação. In: Associação dos Procuradores do Município de Porto Alegre. *Seminário da Criança e do Adolescente*: Indiferença – Derrube este Muro. Porto Alegre: APMPA, 1997.

NUNES, Luiz Antonio Rizzatto. *Manual da Monografia Jurídica*. São Paulo: Saraiva, 1997.

OBSERVATÓRIO DOS DIREITOS DO CIDADÃO. *Análise das Políticas Municipais da Criança e do Adolescente (2001-2001)*. São Paulo: Polis, PUC/SP, 2004.

OLIVEIRA, Heloisa Maria José de. *Assistência Social:* do discurso do Estado à prática do Serviço Social. 2. ed. Florianópolis: UFSC, 1996.

OLIVEIRA, Joélho Ferreira de. *O trabalho da criança e do adolescente em condições de risco*. Curitiba, 1996. Mimeografado.

OLIVEIRA, Olga Maria Boschi Aguiar de. *Monografia jurídica*: orientações metodológicas para o Trabalho de Conclusão de Curso. 3 ed. Porto Alegre: Síntese, 2003.

OLIVEIRA, Oris de. Art. 67. In: Cury, Munir; AMARAL E SILVA, Antônio Fernando do; Mendez, Emílio Garcia (Coords.). *Estatuto da Criança e do Adolescente Comentado:* comentários jurídicos e sociais. 2. ed. São Paulo: Malheiros, 1996.

_____. *Estudo legal*: o trabalho infantil doméstico em casa de terceiros no Brasil. Disponível em: <http://www.oit.org.pe/ipec/documentos/est_legal_domest_brasil.pdf>. Acesso em: 10 fev. 2006.

_____. *O trabalho da criança e do adolescente*. São Paulo: LTr, 1994.

_____. *O trabalho infantil doméstico em casa de terceiros no direito brasileiro*. Relatório Final de Estudo: O trabalho infantil doméstico no direito brasileiro. 2000. Mimeografado.

_____. *Trabalho infantil artístico*. Disponível em: <http://www.fnpeti.org.br/artigos/trabalho_artistico.pdf>. Acesso em: 20 jun. 2009.

ORGANIZAÇÃO DAS NAÇÕES UNIDAS. Convenção sobre os direitos da criança. 1979. Disponível em: <http://www.onu-brasil.org.br/doc _crianca.php>. Acesso em: 15 abr. 2010.

ORGANIZAÇÃO DAS NAÇÕES UNIDAS. *Declaração Universal dos Direitos Humanos*. Adotada pela Assembléia Geral das Nações Unidas em 10 de dezembro de 1948. Brasília: Senado Federal, 1995.

ORGANIZAÇÃO INTERNACIONAL DO TRABALHO. *Boas práticas de combate ao trabalho infantil*: trabalho infantil doméstico. Brasília: OIT, 2001.

_____. *Combatendo o trabalho infantil*: guia para educadores. Brasília: OIT, 2001.

_____. *Convenção n. 138, sobre idade mínima para admissão ao emprego*: Preâmbulo. Brasília: OIT, 2001.

_____. *Convenção n. 182, sobre piores formas de trabalho infantil e ações imediatas para sua eliminação*. Brasília: OIT, 2001.

ORGANIZAÇÃO INTERNACIONAL DO TRABALHO. *Programa de Ação de Comunicação para Enfrentamento do Trabalho Infantil Doméstico*: Resumo Executivo. Brasília: OIT, 2002. Disponível em: <http://www.oit.org.pe/ipec/documentos/paandibr.pdf>. Acesso em: 28 dez. 2005.

PARDO, David Wilson de Abreu. Interpretação Tópica e Sistemática da Constituição. In: DOBROWOLSKI, Sílvio (Org.). *A Constituição no Mundo Globalizado*. Florianópolis: Diploma Legal, 2000.

PARENTE, Maria Pia. *Neste município criança não trabalha*: o que os prefeitos podem fazer para eliminar o trabalho infantil doméstico e proteger as jovens trabalhadoras. Brasília: OIT/Fundação Abrinq/ANDI, 2003.

PASOLD, Cesar Luiz. *Prática da pesquisa jurídica*: idéias e ferramentas úteis para o pesquisador do Direito. Florianópolis: OAB/SC, 1999.

PASSETTI, Edson. Crianças carentes e políticas públicas. In: Priore, Mary Del (Org.). *História das Crianças no Brasil*. São Paulo: Contexto, 1999.

PAULA, Paulo Afonso Garrido de. Educação, Direito e Cidadania. In: ABMP. *Cadernos de Direito da Criança e do Adolescente*. São Paulo: Malheiros, 1995. v. 1.

PEREIRA, Elisabeth Maria Velasco. O Conselho Tutelar como expressão de cidadania: sua natureza jurídica e a apreciação de suas decisões pelo Poder Judiciário. In: PEREIRA, Tânia da Silva. *O melhor interesse da criança*: um debate interdisciplinar. Rio de Janeiro: Renovar, 2000.

PEREIRA, Tânia da Silva. A Convenção e o Estatuto. In: PEREIRA, Tânia da Silva (Org.). *Estatuto da Criança e do Adolescente*: Lei 8.069/90: Estudos "Sócio-Jurídicos". Rio de Janeiro: Renovar, 1992.

_____. O melhor interesse da criança. In: Pereira, Tânia da Silva. *O melhor interesse da criança*: um debate interdisciplinar. Rio de Janeiro: Renovar, 2000.

PINTO, Fábio Machado. *Pequenos trabalhadores:* sobre a educação física, a infância empobrecida e o lúdico numa perspectiva histórica e social. Florianópolis: Gráfica da UFSC, 1995.

PIRES, João Teixeira. *Projeto de Fortalecimento de Conselhos Municipais do Direito da Criança e do Adolescente:* Um projeto de pesquisa-ação focado no exercício da cidadania em alianças estratégicas intersetoriais para atuação social, envolvendo instituições relacionadas à consolidação dos direitos das crianças e adolescentes, através dos princípios da democracia participativa. Disponível em: <http//:www.risolidaria.org.br/docs;ficheros/200407290007_87_0.pdf>. Acesso em: 1º maio 2006.

PRIORE, Mary Del. O cotidiano da criança livre no Brasil entre a Colônia e o Império. In: Priore, Mary Del (Org.). *História das Crianças no Brasil.* São Paulo: Contexto, 1999.

RAMOS, Fábio Pestana. A História trágico-marítima das crianças nas embarcações portuguesas do século XVI – In: PRIORE, Mary Del (Org.). *História das Crianças no Brasil.* São Paulo: Contexto, 1999.

RIBEIRO, Darcy. *O povo brasileiro:* a formação e o sentido do Brasil. 2. ed. São Paulo: Companhia das Letras, 1995.

RIZZINI, Irene. *A criança e a lei no Brasil*: revisitando a história (1882-2000). Brasília: UNICEF; Rio de Janeiro: USU, 2000.

_____; FONSECA, Cláudia. *As meninas e o universo do trabalho doméstico no Brasil:* aspectos históricos, culturais e tendências atuais. Brasília: OIT/IPEC, 2002.

_____; RIZZINI, Irma. "Menores" institucionalizados e meninos de rua. In: FAUSTO, Ayrton; CERVINI, Ruben. *O trabalho e a rua:* crianças e adolescentes no Brasil urbano dos anos 80. 2 ed. São Paulo: Cortez, 1996.

RIZZINI, Irma. Pequenos trabalhadores do Brasil. In: PRIORE, Mary Del (Org.). *História das Crianças no Brasil.* São Paulo: Contexto, 1999.

ROCHA, Eduardo Gonçalves; PEREIRA, Julyana Faria. Descentralização participativa e a doutrina da proteção integral da criança e do adolescente. *Revista da UFG*, v. 5, n. 2, dez. 2003. Disponível em: <http://www.proec.ufg.br/revista_ufg/infancia/P_descentraliza.html>. Acesso em: 1º nov. 2005.

RODRIGUES, Horácio Wanderlei. *Acesso à Justiça no Direito Processual Brasileiro.* São Paulo: Acadêmica, 1994.

_____. O uso do discurso de proteção aos direitos humanos como veículo da dominação exercida pelos estados centrais. In: ANNONI, Danielle (Org.). *Direitos Humanos & Poder Econômico:* Conflitos e Alianças. Curitiba: Juruá, 2005.

ROSA, Alexandre de Moraes da. *Direito Infracional:* Garantismo, Psicanálise e Movimento Anti Terror. Florianópolis: Habitus, 2005.

ROSEMBERG, Fúlvia. A LBA, o Projeto Casulo e a Doutrina da Segurança Nacional. In: FREITAS, Marcos Cezar de (Org.). *História Social da Infância no Brasil.* 2. ed. São Paulo: Cortez/USF, 1999.

ROUSSEAU, Jean Jacques. *Emílio ou Da Educação.* 3. ed. Trad. Sérgio Miliet. Rio de Janeiro: Bertrand Brasi, 1995.

RUSSELL, Bertrand. *O elogio ao ócio.* Rio de Janeiro: Sextante, 2002.

SANCHIS, Enric. *Da escola ao desemprego.* Rio de Janeiro: Agir, 1995.

SANTOS, Boaventura de Sousa. *A crítica da razão indolente:* contra o desperdício da experiência: Para um novo censo comum: a ciência, o direito e a política na transição paradigmática. São Paulo: Cortez, 2000.

SANTOS, Boaventura de Sousa. *Pela mão de Alice:* o social e o político na pós-modernidade. 6. ed. São Paulo: Cortez, 1999.

SANTOS JÚNIOR, Cláudio de Lira. *O mito da erradicação do trabalho infantil via escola.* 2000. Dissertação (Mestrado em Educação) – Programa de Pós-Graduação em Educação, Universidade Federal de Pernambuco, Recife, 2000.

SANTOS, Marco Antonio Cabral dos. Criança e criminalidade no início do século. In: PRIORE, Mary Del (Org.). *História das Crianças no Brasil.* São Paulo: Contexto, 1999.

SANTOS, Rúbia dos. *A caracterização das famílias beneficiárias do Programa de Transferência de Renda:* PETI/São José. 2003. Dissertação (Mestrado em Serviço Social) – Curso de Pós-Graduação em Serviço Social, Universidade Federal de Santa Catarina, Florianópolis, 2003.

SARLET, Ingo Wolfgang. *A eficácia dos direitos fundamentais.* 8ª ed. ver. atual. Porto Alegre: Livraria do Advogado, 2007.

SCARANO, Julita. Criança esquecida das Minas Gerais. In: PRIORE, Mary Del (Org.). *História das Crianças no Brasil.* São Paulo: Contexto, 1999.

SCHERER-WARREN, Ilse. *Cidadania sem fronteiras:* ações coletivas na era da globalização. São Paulo: Hucitec, 1999.

SCHREIBER, Elisabeth. *Os Direitos Fundamentais da Criança na Violência Intrafamiliar.* Porto Alegre: Ricardo Lenz, 2001.

SCHUELER, Alessandra Frota Martinez de. Os Jesuítas e a Educação das Crianças – Séculos XVI ao XVIII. In: RIZZINI, Irma (Org.). *Crianças desvalidas, indígenas e negras no Brasil.* Rio de Janeiro: USU, 2000.

SCHWARTZMAN, Simon; SCHWARTZMAN; Felipe Farah. *O trabalho infantil no Brasil.* Instituto de Estudos do Trabalho e Sociedade, Grupo Conjuntura, Instituto de Econômica, Universidade Federal do Rio de Janeiro, Rio de Janeiro, 2004.

SÊDA, Edson. Art. 88. In: CURY, Munir; AMARAL E SILVA, Antônio Fernando; MENDEZ, Emílio Garcia (Coords.). *Estatuto da Criança e do Adolescente Comentado:* comentários jurídicos e sociais. 2. ed. São Paulo: Malheiros, 1996.

SEN, Amartya. *Desenvolvimento como liberdade.* Trad. Lauro Teixeira Motta. São Paulo: Companhia das Letras, 2000.

SILVA, Jorge Luiz Teles da; NEVES JÚNIOR, Leonardo Ferreira; ANTUNES, Marcos Maia. Trabalho infantil: realidade, diretrizes e política. In: MARQUES, Maria Elizabeth; NEVES, Magda de Almeida; CARVALHO NETO, Antonio. *Trabalho Infantil:* a infância roubada. Belo Horizonte: PUC Minas, Instituto de Relações do Trabalho, 2002.

SILVA, Maria Liduína de Oliveira. Adultização da infância: o cotidiano das crianças trabalhadoras no Mercado Ver-o-Peso, em Belém do Pará. *Serviço Social e Sociedade,* ano XXIII, n. 69, mar. 2002.

SILVA, Maurício Roberto da. *Trama doce-amarga:* (exploração do) trabalho infantil e cultura lúdica. Ijuí: Uniijuí; São Paulo: Hucitec, 2003.

SILVA, Roberto da. *A construção do Estatuto da Criança e do Adolescente*. In: Âmbito Jurídico. ago. 2001. Disponível em: <http://www.ambito-jurídico.com.br/aj/eca0008.htm>. Acesso em: 10 jan. 2006.

SORJ, Bernardo. *A nova sociedade brasileira*. Rio de Janeiro: Jorge Zahar, 2000.

SOUZA, Bárbara Margaret Freitas de Souza. *O Conselho Municipal de Direitos da Criança e do Adolescente:* um estudo sobre a organização interna, capacidade decisória e articulação interinstitucional. 2005. Dissertação (Mestrado em Serviço Social) – Curso de Pós-Graduação em Serviço Social, Universidade Federal de Santa Catarina, Florianópolis, 2005.

SOUZA, Ismael Francisco de; SOUZA, Marli Palma. *Conselho Tutelar e a Erradicação do Trabalho Infantil*. Criciúma: Unesc, 2010.

SOUZA, Marli Palma. Famílias em situação de violência: mediando conflitos. In: VERONESE, Josiane Rose Petry; SOUZA, Marli Palma; MIOTO, Regina Célia Tamaso (Orgs.). *Infância e Adolescência, O Conflito com a Lei*: algumas discussões. Florianópolis: Fundação Boiteux, 2001.

SÜSSEKIND, Arnaldo. Segurança e Medicina no trabalho. In: SÜSSEKIND, Arnaldo *et al. Instituições de Direito do Trabalho*. 16. ed. São Paulo: LTr, 1996.

TEIXEIRA, Alisson Xavier; CUSTÓDIO, André Viana. A atuação do Ministério Público na proteção dos interesses da criança e do adolescente. In: Seminário Internacional Direitos Humanos, Violência e Pobreza: A Situação de Crianças e Adolescentes na América Latina Hoje, 2., 2008, Rio de Janeiro. Anais... Rio de Janeiro: UERJ, 2008.

TITO, Ronan; AGUIAR, Nelson. A justificativa do Estatuto. In: PEREIRA, Tânia da Silva (Org.). *Estatuto da Criança e do Adolescente:* Lei 8.069/90: Estudos "Sócio-Jurídicos". Rio de Janeiro: Renovar, 1992.

TRIBUNAL DE JUSTIÇA D ESTADO DA BAHIA; SANTOS, Gerson Pereira dos (Coord.). *Memória da Justiça Brasileira, Independência e Constitucionalismo*. Salvador, s.d. v. III. Disponível em: <http://www.tj.ba.gov.br/publicacoes/mem_just/volume3/cap9.htm>. Acesso em: 21 out. 2005.

UNICEF; IBGE. *Indicadores sociais sobre crianças e adolescentes*: Brasil 1992-1999. Brasília: UNICEF; Rio de Janeiro: IBGE, 2001.

_____. *Indicadores sobre crianças e adolescentes:* Brasil 1999-2000. Brasília: UNICEF; Rio de Janeiro, IBGE, 2001.

VEIGA, João Paulo Cândia. *A questão do trabalho infantil*. São Paulo: ABET, 1998.

VENÂNCIO, Renato Pinto. Aprendizes da Guerra. In: Priore, Mary Del (Org.). *História das Crianças no Brasil*. São Paulo: Contexto, 1999.

VERONESE, Josiane Rose Petry. *Direito da Criança e do Adolescente*. Florianópolis: OAB/SC, 2006.

_____. Direitos econômicos, sociais e culturais – proteção jurisdicional dos interesses individuais, coletivos e difusos da população infanto-juvenil. In: ANNONI, Danielle (Org.). *Direitos Humanos & Poder Econômico:* Conflitos e Alianças. Curitiba: Juruá, 2005.

_____. *Entre violentados e violentadores*. São Paulo: Cidade Nova, 1998.

VERONESE, Josiane Rose Petry. Humanismo e infância: a superação do paradigma da negação do sujeito. In: MEZZAROBA, Orides (Org.). *Humanismo Latino e Estado no Brasil*. Florianópolis: Fundação Boiteux; Treviso: Fondazione Cassamarca, 2003.

_____. *Interesses difusos e direitos da criança e do adolescente*. Belo Horizonte: Del Rey, 1997.

_____. *Os direitos da criança e do adolescente*. São Paulo: LTr, 1999.

_____. *Temas de Direito da Criança e do Adolescente*. São Paulo: LTr, 1997.

_____; GOUVÊIA, Lúcia Ferreira de Bem; SILVA, Marcelo Francisco da. *Poder Familiar e Tutela:* à luz do novo Código Civil e do Estatuto da Criança e do Adolescente. Florianópolis: OAB/SC, 2005.

_____; SILVA, Moacyr Motta da. *A tutela Jurisdicional dos Direitos da Criança e do Adolescente*. São Paulo: LTr, 1998.

VIAN, Maurício; MELLO, José Carlos Garcia de; BOEIRA, Carlos. *Orçamento e fundo*: fundo dos direitos da criança e do adolescente. Brasília: Focus, 2002.

VIEIRA, Cleverton Elias. *A questão dos limites na educação infanto-juvenil sob a perspectiva da doutrina da proteção integral:* rompendo um mito. 2005. Dissertação (Mestrado em Direito) – Curso de Pós-Graduação em Direito, Universidade Federal de Santa Catarina, Florianópolis, 2005.

VIEIRA, Márcia Guedes. *Trabalho infantil:* a dívida da sociedade mundial com a criança. Disponível em: <http://www.caritasbrasileira.org/textos/infantil.pdf>. Acesso em: 5 fev. 2006.

WEFFORT, Francisco. *Qual democracia?* São Paulo: Companhia das Letras, 1992.

WOLKMER, Antônio Carlos. *História do Direito no Brasil.* 2. ed. Rio de Janeiro: Forense, 2000.

_____. *Ideologia, Estado e Direito.* 3. ed. São Paulo: RT, 2000.

GRÁFICA PAYM
Tel. (011) 4392-3344
paym@terra.com.br